この街で夢をかなえる

エンタメで地方を元気にする
リンゴミュージックの挑戦

目次

3

トレイン――故郷への思い＆夢への応援を込めて

4 Ringo star ――地方でも最高にクールなものが作れる！

5 りんごの木――桃李もの言わざれども、下自ずから蹊《みち》をなす

6 それぞれの夢に向かって――未来へ

7 この街で夢をかなえる

はじめに

青森県出身の女性タレント、「王林」をご存知の方は多いことだろう。

バラエティー番組をはじめ、CM、ドラマと、今や、テレビで見かけない日はないほどの人気者だ。明るいキャラクターに加え、津軽訛りで青森県の魅力を熱く語り続ける個性派タレントとして、幅広い年代の人気を集めている。2022年の『日経エンタテインメント』、「タレントパワーランキング女性アイドル部門」ではナンバーワンにも選ばれ、タレント、ファッションモデル、ドラマや映画の女優と、活躍の場をどんどん広げている。

そんな「王林」に好感を抱くいっぽうで、不思議に思う人もいるのではないだろうか。

「王林」という一風変わった芸名には、どんな意味があるのか？

「王林」は、いったいなぜ、そんなに青森を愛しているのか？

現在、全国区のタレントとして活動する「王林」は、2022年3月まで、青森県弘前市《ひろさきし》の農業活性化アイドル「りんご娘」のメンバーだった。そのりんご娘を長年にわたってプロデュースしてきたのが、弘前市の小さな個人芸能事務所である有限会社「リンゴミュージック」だ。リンゴミュージックが運営する「弘前アクターズスクール」は、芸能経験ゼロ、資金ゼロ、スタッフゼロからスタートした上に、設立当初から現在に至るまでスクール生の月謝無料を貫くなど、芸能スクールとしては異色の存在だ。

りんご娘は2000年9月にデビューし、メンバーを入れ替えながら、全国にあまた存在する地方アイドルの中でも、最長継続年数二十三年（2024年4月現在）を誇る。長い時間をかけて地元に定着し、今や青森県内の認知度百%というほど愛されている。しかも、りんご娘の魅力に惹かれ、弘前に移住して応援する人まで呼び寄せているのだ。

弘前アクターズスクールを卒業したメンバーは、地域を支える人材として活躍を見せ、りんご娘から人気タレントとなった「王林」は、現在も青森県に軸足を置きながら様々なメディアで青森県の魅力を伝え、認知度を高めている。

さらに、現体制のりんご娘をはじめ、リンゴミュージックのタレントたちは、青森県内の行政や企業とのタイアップ事業に取り組むほか、県外でりんごや青森県の魅力を伝えるなど、地域活性化に積極的に貢献している。

現在、全国の地方市町村は、首都圏や大都市に人が集中することで、活気を失い衰退の道をたどっている。そんな中、リンゴミュージックは、大都市ではなく地方から夢をかなえようと挑戦を続けている。

地方活性化の夢を体現するためには、いったい何が必要なのだろうか。

そのヒントを、リンゴミュージックの歩みをたどりながら探っていきたい。

1

LOVE＆SOLDIER

――それは弘前から始まった

◀弘前市の土手町商店街
（1980年代から90年代前半）

▶土手町の歩行者天国で
デビューしたりんご娘

田舎じゃ夢はかなえられない
——何もない青森を捨てて東京へ

青森県弘前市の芸能事務所、有限会社「リンゴミュージック」社長の樋川新一《といかわしんいち》氏は、自動車販売を手掛ける株式会社「樋川自動車」の社長でもある。両親が一代で築き上げた自動車販売会社の長男として、1970年に生まれた。当時大人気だったザ・ドリフターズの番組を楽しみに子ども時代を過ごす。小中高校時代は野球に打ち込みながら、「将来は、両親のように経営者になりたい」、「好きな芸能の道にも進んでみたい」という、二つの夢を育んでいた。

成長するにつれ、当時の青森に民放テレビ局が二局しかなく、話題になっている人気番組が見られないことに不満がつのっていく。

「エンタメのチャンネルがない青森って、何なんだ。東京では放映されているのに、青森だからと甘く見られているのだろうか。こんなつまらない田舎から、一刻も早く出て東京へ行きたい！」

東京の大学だけに的を絞って勉強し、合格した大学の経営学部に進む。学生時代は、コンサート会場の設営や、テレビタレントの警備などのアルバイトをしながら、芸能への憧れを温めていた。

いよいよ就職活動という時、迷わず東京での就職を選ぶ。自動車販売会社を経営する両親からは、「会社を継がなくても良い。好きに生きて良い」と告げられていたからだ。

憧れだった芸能の世界にチャレンジしようと、テレビ局の試験をいくつか受けるが、一次試験も通過できずにすべて不合格に終わる。当時は就職氷河期でもあり、友人たちも皆、就職活動に苦戦していた。弘前に帰らないと決めた以上、東京で就職浪人をするわけにはいかず、とにかく就職することを考えようと芸能の夢をいったん諦める。

無事就職が決まったのは、大手自動車会社の営業職だった。ここでの営業時代に顧客との付き合い方など、ビジネスマナーのノウハウを学んだ経験が後々生きていくことになる。

営業の仕事に全力を傾けながらも、樋川氏にとっては、どうすれば消費者に企業イメージをアップしてもらえるかを考えている時間が何よりの楽しみだった。企業のブランディングなら、自分の力を発揮できるはずという気持ちがあった。宣伝部に移れば広告代理店やテレビ局と会社のCMを作ることができると、何度か配属願いを出したがかなえられず、このまま東京で営業職を続けていくべきなのか思案するうちに、父親が中卒から裸一貫で会社を立ち上げたことを思い出す。潰れる会社も多い中、堅実に経営を守り続け、地元でも顧客の信頼を得る自動車販売会社を築き上げてきた姿を、子どもの頃から垣間見てきた。

大企業の次に中小企業を勉強できたら、後は何でもできるのではないか。経営者になるというもう一つの夢に向かってみようと、二十七歳の時に、父親の会社を継ぐために弘前に戻った。東京へ出てから九年が経っていた。

自分がワクワクするもの（夢）で、寂れてしまった故郷を何とか元気にしたい

弘前に戻ってきたからには、一生ここにいよう。

そう決めたものの、ひさしぶりに、弘前市で一番の繁華街である土手町《どてまち》商店街に足を運んでショックを受ける。

「何なんだこれは……。自分のいない間に、街がすっかり寂れている。デパートや映画館やたくさんの店があり、皆でワクワクしながら足を運んだ土手町商店街なのに、懐かしい店もシャッターを下ろしてしまっている……」

樋川氏が弘前に帰郷した1990年後半は、製造業の海外移転などで、地方経済の衰退が大きな問題になり始めていた時期だった。さらに、全国で報道される青森県のニュースといえば、若者の人口流出や少子高齢化、事件や事故など、ネガティブなものばかりだった。地元の大人たちからは「青森はもうだめだ」とい

う嘆きが、若者たちからは「ここじゃ何もできない」という諦めの声が耳に入ってくる。

「愚痴を言って慰め合いながら、残りの人生を終わるなんて絶対にいやだ！」

そんな気持ちが胸の内にふつふつと湧いてきた。

「このままでは、今の中高生が一度ここを出ていったら、二度と戻ってこないだろう。地域の若い人を巻き込みながら、何かおもしろいことができないだろうか。雇用やベンチャー企業の創出には膨大な資金と時間がかかるが、芸能なら、すぐに始められるかもしれない」

そこでまず、弘前の津軽三味線に着目し、若い人たちの演奏を通して、地域ならではの芸能をもっとたくさんの人たちに聞いてもらおうと考えた。しかし、伝統芸能ゆえのハードルは高く、やむなく断念することとなる。

ちょうどその頃、アイドルの「モーニング娘。」が幅広い年代の人気を集め、テレビ番組を賑わせていた。ダンスや歌のアイドルなら、小さい子から高齢者まで、皆で応援できて一緒に元気になれるにちがいないと、アイデアが浮かぶ。「地方アイドル」という考え方がまだ世の中に広まっていなかった時代に、「アイドルで青森に活気を取り戻したい」と思い立ったのだ。当然のことながら、当時の青森にはアイドルなどいなかった。ならば、弘前にアイドルを養成する芸能スクールを作ろうと決意する。

しかし、いくら芸能が好きだとはいえ、これまでは自動車の販売一筋であり、芸能の世界ではまったくの素人である。

いったい何から始めればいいのか。芸能経験ゼロ、資金ゼロ、スタッフゼロの状態からの模索が始まった。

専門家の教えをこう
――月謝無料の芸能スクールへ

ちょうどその頃、樋川氏は、地元の若手経済人の集まりである、（一般社団法人）

弘前青年会議所に所属し、講演会の担当委員をしていた。講師として誰を招聘するかを考えていた時、頭に浮かんだのは、時代に先駆けベンチャー事業を立ち上げ、脚光を浴びていた実業家だった。東北新幹線が盛岡までしか開通していなかった頃である。全国から引っ張りだこで多忙を極めていた実業家に、地の利の悪い弘前市までわざわざ来てもらうことなど無理だと、諦めるのがふつうかもしれない。

しかし、樋川氏は不可能だとは考えなかった。「ぜひ弘前に来てほしい！」と、思いのたけを伝える手紙を書いて送った。さらに、実業家の東京事務所に直接出向き、携えてきた弘前のりんごジュースを置いてくるなど、持ち前の行動力で何度も思いを伝えた。すると、事務所から「行ってもよい」と返事があり、弘前青年会議所での講演会が実現する。講演後に実業家が宿泊した温泉で、たまたま会話をする機会が訪れる。

樋川氏はそこで、思い切ってたずねてみた。

「一つだけ質問をさせてください。今は、沖縄には芸能スクールがありますが、青森にはありません。ほとんどが東京に集中しています。若い子たちが東京でスカウトされ、契約金と月謝を払い、中高生ぐらいの時から親元を離れてレッスンしても、スターになれるとはかぎりません。ぼくは、自分が若い人の踏み台になって、青森からでも芸能とアーティストをめざせるようなものをやりたいと思っているのですが、どう思われますか？」

すると、こう答えが返ってきた。

「樋川君、はっきり言おう。スターになれるのはたった一握りだ。それでも月謝をもらわなければ、プロダクションはやっていけない。たとえ才能が無くても、君ならスターになれるからと引き留めるような月謝ビジネスになってしまう。樋川君、それをやると、罪悪感で苦しむよ」

その言葉は、樋川氏の心を強く揺さぶる。

「そうか……。よし、わかった。月謝をとるのが芸能スクールの常識だろう。だが、自分が弘前で始める芸能スクールは、絶対に月謝無料を貫こう！」

その時、固く心に決めたのだった。

自分のためではなく青森のために&農業活性化を柱に

では、何のために芸能をやるのか。

私利私欲だけだったら、誰も応援してくれないだろう。それよりも、誰かのため、青森のために行動することで、みんなをワクワクさせたい！　目的を「自分のため」ではなく、「青森県の人々のため」にしよう、と考えた。

そこで、熱い思いを一枚の紙につづった。

「私は弘前に生まれ育ち高校卒業後、この街を離れ3年前に故郷弘前に戻ってきました。

そこでまず感じたことは、地方と都会では距離的ハンデもあり、情報・意識レベルに大きなギャップがあるということです。

失礼な言い方ですが、政治・ビジネス・教育・スポーツにおいても本県は後進県であり、そのためか一部の有能な若者達は都会へとチャンスを求め出て行き、またそのほとんどは帰っては来ません。

そういった現状に悔しささえ感じることもあります。

何をしたらこの弘前が、そして青森県が魅力ある、面白い、豊かな街になるのか？

また、一番パワーを持っている若者達がエネルギー・時間を無駄にはしていないか？

そう自分なりに自問自答してきました。

例えば、経済的な豊かさ、雇用を求めるならばベンチャー企業の育成、地元企業の全国的発展を目指せばいいのですが、それには多くの時間・資金が必要となります。

そこで何もないゼロの状態からでも、できるだけ早く、そして楽しみながらの街づくりには芸能・音楽等がセンターピンだと考えました。

現在、そしてこれからは、ネット等の普及が進んでいることもあり、あえて都会に住まなくても物的・知的な情報が得られる環境にあります。

都会では得にくい自然、そして人間らしい生活というものを我々はたくさん持っています。

自然、つまり『きれいな水・土・太陽・空気』は人間にとって最も必要なものです。

また、すばらしい生活環境にあるということは音楽・芸術といった、いわゆる感性を育てる上でも最高の土壌であることには間違いありません。

若者を中心とした参加・協力、大人達の応援が得られ続ける限り、これからあらゆるジャンルの企画・イベント展開をし続けて行きます。

必ず、都会と地方の『逆転の時代』が来ます。

誰かが小さなことから、少ない人数からでもきっかけをつくり、そしてやり続ければ夢は叶うと信じています。

そして我々の郷里青森県は、きっと全国からの注目・賞賛を浴びるはずです。」

(その思いは、現在も、リンゴミュージックの公式HPに掲載してある)。

思いをしたためた紙を手に、芸能スクール「弘前アクターズスクールプロジェクト」設立の賛同者を募って回った。

「青森で芸能スクール？　そんなもの、できるわけがねえべ」

一笑に付されることもあったが、所属する弘前青年会議所の仲間や、学校の後輩、その友人から小さな輪が広がり、数名の賛同者が集まってくれた。

青年会議所東北地区協議会では、毎年、東北六県の青年会議所が持ち回りで、若手経営者の情報交換の場としてのフォーラムを開催していた。ちょうど、弘前青年会議所が、2000年開催の「東北青年フォーラム」を担当することになり、1999年の暮れから準備を進めようとしていたところだった。樋川氏は、このフォーラムを、自分たちが立ち上げる芸能スクールで育てたアイドルのデビューの場にしようと考えていた。

この時、フォーラム懇親会の担当役員だった長谷川正之氏は、東京の有名ホテルの写真スタジオで働いた後にUターンし、弘前市で写真館を経営するカメラマンでもあった。長谷川氏は、弘前の若い世代に本物の芸術に触れてほしいと、弘前市の吉井酒造煉瓦倉庫を会場に、青森県出身の世界的現代美術家、奈良美智氏の展覧会を開催するプロジェクトを2001年に立ち上げる中心メンバーである。長谷川氏の学生時代には弘前には美術館が少なく、都会に比べるとどうしても本物に触れる機会が少ないことに、悔しい思いをした経験があったからだ。また、地域活性化には、若い世代の感性を生かすことが欠かせないという考えを持っていた。

そんな長谷川氏に、樋川氏は熱く語る。

「フォーラムの懇親会を、若い人たちが一体になって楽しめる、ダンスステージで盛り上げたいのです！　ぜひ、ぼくに、やらせてもらえませんか？」

長谷川氏も、若い世代が「弘前には楽しめるものが何もない」と不満に思っていることをひしひしと感じていたところでもあった。樋川氏の言う、若い人が楽しめるステージがどんなものになるのかにも、興味をそそられる。

何よりも、樋川氏の情熱に強く心を動かされていた。

「いいんじゃないか。おもしろいね！　やってみたら」

長谷川氏の賛同を得て、2000年9月開催の東北青年フォーラムでのダンスステージに合わせた活動がスタートしていった。

都会の逆を行く
――コンセプトはcool & country

では、アイドルたちのコンセプトを、どうするのか。

活動を始めようとした原点は、「青森県のためになること」だった。

改めて青森県について調べた時に、県内の食料自給率は百%を超え、全国の中でも第一次産業が基幹産業であることを再認識する。米、果樹、畜産、水産がバランスよく生産され、果樹の多くをりんごが占めていた。また、家業である自動車販売業では、農作業用の軽トラックを販売する機会が多く、農家と親しく話す場面が多かった。

「やはり、青森の産業を支えているのは農業だ。地域の経済を回し活性化させるには、農業が元気にならなければだめだ。地方でやるなら、東京のプロダクションがやらないもの、そして、できないものをやろう！」と、農業活性化を前面に出すことを決める。

そこで辿り着いたのが、「cool & country＝田舎っぽさとカッコよさ」だ。一見田舎っぽさがありながら、カッコいいパフォーマンスがあれば、そのギャップに、見る人は「え？」と興味を示す。ギャップが大きければ大きいほど、より強いインパクトが残り、心を掴めると考えたのだ。

ダンスグループの名前には、弘前市の伝統の祭りである「ねぷた」を取り入れ、「ねぷた娘.」とした。ヴォーカルグループの名前には、青森を代表する農産物のりんごを取り入れ、「りんご娘.」とした（2000年〜2010年まで「りんご娘.」の表記だったが、本書では、以降「りんご娘」と表記）。

青森の代表的な農産物のりんごだが、1990年以降、りんご農家の高齢化や担い手不足が問題になりつつあった。樋川氏には、りんご娘というアイドルが発信することで、多くの人にりんごに関心を持ってもらい、りんごの消費と生産の担い手を増やすことにつなげたいという狙いもあった。地域の農業を応援するアイドルは、今でこそ各地に類似したものが存在する。しかし、２０００年当時は社会の農業への関心は総じて低く、アイドルで農業を応援しようという発想など皆無であり、りんご娘はまさに、「農業活性化アイドル」の先駆けだった。

地元有志の応援を得て、弘前アクターズスクールプロジェクト始動

２０００年7月、弘前市の居酒屋に有志四名が集まり、非営利団体「弘前アクターズスクールプロジェクト」を発足させる。

この時点では、デビューステージとグループのコンセプトは決まっていたものの、肝心のメンバーはまだ誰も決まっていなかった。

青年会議所の東北青年フォーラムでのダンスステージでは、当時流行していたパラパラというダンスを披露することになった。カバー曲に加え、オリジナルの曲も披露しようということになり、『LOVE & SOLDIER』を制作する。樋川氏自らが作詞・作曲した楽曲には、賑わっていた頃の土手町繁華街を復活させたいという願いを込めた。勇壮な武者絵が描かれた山車を引いて市内を練り歩く弘前ねぷたまつりや、ねぷたまつりにまつわる言葉や弘前の地名、それに津軽弁を交え、ダンスミュージックのようなポップな仕上がりにした。バンド活動をしている小学校時代の後輩にアレンジと一部作詞・作曲を頼み、歌ってくれる人は樋川氏が人づてに探した。

デモテープ作成は、録音スタジオなど無いため、樋川氏の自動車販売会社の休憩室で録音をおこない、歌手名は、りんごの品種名であるジョナゴールドとふじからとって「ジョナ&ふじこ」とした。できあがったデモテープを聞きながら、「この曲で紅白に行けたら！」という夢がふくらんでいた。NHK紅白歌合戦出場への意気込みはけっして冗談ではなく、紅白に出れば、青森の人たちにどんなにか喜んでもらえるにちがいないという思いからだった。

デモテープが完成すると、ステージメンバーを募集するため、地元のラジオ局を訪れた。

番組内では何度も曲を流し、募集案内を読み上げてもらった。

「この曲で、紅白に出たいんですよ」

まじめな顔でそう語る樋川氏に、ラジオ局の人たちも「樋川、何考えてんだべな」と苦笑する。

弘前市のダンスクラブで踊っていた若者などにも声をかけ、ダンスステージメンバーのオーディションには、弘前青年会議所の長谷川氏にも審査員として加わってもらった。選考メンバーが揃ったところで、地元のダンス教室の講師に振り付けを考えてもらい、ダンスの指導をしてもらった。

9月の「東北青年フォーラム2000 in 弘前」で、ダンスグループのねぷた娘．が、約二千人の観衆の前でダンスを披露した（ねぷた娘．の活動は2003年まで継続）。

並行してりんご娘のメンバーを募集し、五人のメンバーを選ぶと、全国の人に豊富なりんごの品種名を覚えてほしい、りんごを好きになってほしいという願いを込め、「つがる」や「あかね」など、りんごの品種名を芸名に付けた。グループ名と芸名の両方に、農産物やその品種の名前を付けたアイドルなど、こちらも前例がなかった。

「アイドルなのにりんごの品種名を付けるなんてかわいそうじゃないか。もっとかわいい名前をつけてやれないのか」

周りからはそんな批判もあったが、りんご娘の第一の目的は、りんご農家を応援することであり、農業活性化を前面に出していく姿勢は変わらなかった。

その後も、「ジョナゴールド」「レッドゴールド」「金星」「とき」「王林」「彩香《さいか》」「ピンクレディ」「スターキングデリシャス」「はつ恋《こい》ぐりん」など、りんご娘の芸名は、すべてりんごの品種名が付けられていく。

九月、樋川氏はりんご娘を土手町で毎年開催される歩行者天国のイベントでデビューさせ、パソコンで作成した手作りのファーストシングル、『LOVE &

SOLDIER』をリリースする。冬には、弘前城を会場にした「弘前城雪燈籠まつり」のステージにも出演を果たした。

この動きに注目していたのが、弘前観光協会の白戸《しろと》大吾《だいご》氏だ。東京で二年間旅行業を学んだ後、弘前市にUターンし、弘前公園で秋に開催される「弘前城菊と紅葉まつり」の事務局を担当していた。まつりを活気づけるためにも、若い人のための新しいステージイベントが欲しいと考えていたことから、デビュー翌年のりんご娘に、「弘前城菊と紅葉まつりのステージに出演してもらいたい」と声をかける。これ以降、白戸氏の応援で、「弘前城菊と紅葉まつり」のステージイベントには毎年出演するようになり、りんご娘が地域に浸透するための大事なイベントとなっていく。

順調に滑り出した弘前アクターズスクールプロジェクトだが、その活動は、資金がない中、衣装は洋服店の店主から売れ残りの服を分けてもらって調達し、メイクも知り合いの美容院に頼むなど、すべてが地域の人々の無償ボランティアで支えられていた。

カメラマンの長谷川氏にも、「今はお金がないので、出世払いでお願いします！」と、りんご娘のポスターやCDジャケット用の写真を撮ってもらった。りんご娘の写真の撮影は、ほとんど事前打ち合わせなしで、その場で決めていくことが多かった。当日までどんな衣装かわからない、夜遅くまでかかる、撮影時間や小道具が突然変更になるなど、長谷川氏にとっては正直なところ頭を抱えることも多かったが、そうしたドタバタも楽しみながら撮影していった。そのモチベーションを支えたのは、「若い子ががんばっているのを何とかしてあげたい、応援したい」という気持ちだった。スクール生たちが成長していく様子を見守るのも楽しみとなっていった。長谷川氏はそれ以降二十年以上にわたり、りんご娘のポスターやCDジャケットの写真を撮り続けていくことになる。

無償ボランティアのスタッフや街の協力者たちは、樋川氏と一緒に、何かおもしろいことができるのではないかという期待を胸に、弘前アクターズスクールプロジェクトの活動を楽しんでいった。

いっぽう、活動が広く知れわたるにつれ、弘前アクターズスクールプロジェクトを不安視する声が方々から聞こえるようになる。

「月謝がゼロだなんてほんとうなのか？」

「青森で芸能スクールなんてやっていけるわけがないだろう」

樋川氏の耳にも、当然のように様々な噂が入ってきたが、むしろ悔しさがばねになっていった。

「いいや、なんと言われようと、芸能で弘前を、青森を元気にしてみせる！」

樋川氏は、少しでも芸能の世界を学ぼうと、東京の大手芸能プロダクションや元レコード会社社長に手紙を書いて直接会いに行き、教えを仰いだ。札幌の芸能スクールにも足を運び、芸能事務所の現状を聞かせてもらうなど、必死で勉強を続けていった。

2

地域を支える人材育成へ舵を切る

◀藤本盛三先生の
講義を受ける
スクール生

▶自動車整備工場の
事務所で
おこなわれていた
レッスン

低迷・低迷・低迷……芸能どころではなくなる

弘前アクターズスクールプロジェクト始動から、りんご娘のCDデビュー、地域イベントに出演と、とんとん拍子に物事が進んできたように見えた。

しかし、そこから苦しい低迷の時代が続く。

スクールに集まってきた子の多くは、いわゆるやんちゃな子が多く、練習に来ない、来ても携帯電話をながめて指示に耳を傾けないような状態が続いた。ダンスの先生からも、無償ボランティアで教えるのは限界だと、ついに匙を投げられてしまう。

そこで、友人のつてで、クラシックバレエの経験のある工藤由佳子氏に、ダンスの指導を引き受けてもらう。弘前で生まれ育ち、当時弘前市のラジオ局「コミュニティーFMアップルウェーブ」でパーソナリティーを務めていた由佳子氏は、後に樋川氏と結婚してともにリンゴミュージックを支えていくことになる。

由佳子氏の懸命な指導にもかかわらず、スクール生の練習態度の悪さは変わらなかった。まともな練習ができていないため、スタッフがせっかくステージ発表の場を用意しても、満足のいくパフォーマンスなどできるわけがなかった。

「こんな状態ではまずいんじゃない？」と、由佳子氏の言う通りであることは、樋川氏にもわかっていた。「どうして、思い通りにならないのだろう。いったい何が悪いのだろう」と悩み続ける。

さらに、スクール生らは、先生たちに反抗的な態度をとるなど、学校でたびたび揉めごとを起こしていた。その度に、親の代わりに樋川氏が校長室に呼び出され、「芸能をやっている場合じゃないでしょう。お宅でどうにかしてください！」と、子どもたちを指導するように強く要望された。スクール生らにとっては、好きなダンスができ、学校や家庭とは別の居場所であることから、樋川氏やスタッフに対しては心を開いていたためだ。樋川氏の同級生には学校関係者も多く、「お前のスクールは教育委員会のブラックリストに載るかもしれないぞ」と忠告されることもあった。

スクール生の中には、学業不振のために高校進学も危うい子もいた。どうにかして高校にだけは行かせてやりたいと、大学生にボランティアで家庭教師を頼みこみ、何とか進学させたこともあった。

「芸能で地域活性化&農業活性化」を謳いながら、実情はそれどころではなくなっていく。

「いったん出会った子たちだ。何とかしてやりたい！　どうやったら助けてあげられるんだろうか」

由佳子氏と話し合う日々が続く。

スクールに入ってもすぐに辞めていく子も多く、りんご娘のメンバーの入れ替わりは激しかった。2003年には、ついに、スクール生がたった一人だけになってしまう。

「たった一人か……。この一人が辞めてゼロになったら、その時は、弘前アクターズスクールプロジェクトもやめるしかないだろう」

樋川氏も覚悟を決めたが、いっぽうで心に誓ったことがあった。

「いいや、地域活性化の夢と志を持ってスタートさせたスクールだ。そこに、夢を持ってやってくる子がいる以上、自分から投げ出すなんてあまりにも都合が良すぎるだろう。これまで、東京の芸能事務所が地方に来ても、採算が取れないからと投げ出す事例をたくさん見てきた。大人が諦めてしまったら、子どもに夢を語れない。一人でもいるうちは、けっしてやめない！」

由佳子氏からも、「スクール生が一人でもいるのなら、スクール生の募集をしてオーディションをしてみよう」と励まされる。

その頃、オーディションを受けに現れた、小学六年生の応募者がいた。モーニング娘。に憧れ、弘前でもアイドルのようなことができる場所があると知ってやって来たのだ。

年の離れた姉をまねて髪を茶色に染め、小学生にしては背伸びした姿を前に、ほかのスタッフが一様に首を横に振る中、樋川氏だけは「あの子は良いと思う。採用する！」と入所させることを決める。

「何とか成長させてやりたい。小学六年生なら、これからいくらでも伸びる可能性がある」

この時入所したスクール生は、樋川氏の期待に応え、半年後には「ジョナゴールド」という芸名を与えられてりんご娘の一員になると、「初代ジョナゴールド」として、りんご娘の歴史に大きな足跡を残すこととなる。（りんご娘の芸名は、「ジョナゴールド」、「王林」、「金星」など、卒業したメンバーのりんご品種名が、その後に加入したメンバーに再びつけられることがある。リンゴミュージックでは、初代、二代目、三代目と呼んで区別している）。

芸ではなく人を育てる
——吹奏楽部の経験を思い出す

なぜ、何もかもがうまくいかないのか……。

悩みに悩んだ末、樋川氏はハッと気づく。

家業である自動車販売会社にとっては、商品としての自動車の良し悪しがものをいう。芸能スクールでは、それが「人」なのだ。人が良くなければ話にならない。紅白に出る夢の前に、一番先にやらなければならないのは人を育てることなのだ。

しかし、大学で専門に勉強してきたのは経営学であり、教育については知識も経験もない。

とにかく勉強して専門家に教えをこおうと、教育関係の本を買っては読み漁り、教育セミナーに通い、知人の教師に会ってどうやって子どもたちを育てたらいいのかを聞いて回った。その中でふと思い出したのが、小学校時代の経験だった。

小さい頃から野球に熱中していた樋川氏は、小学四年生からは野球部に入るつもりだった。ところが、小学三年生の時に成長痛のためドクターストップがかかる。野球部に入れなくなったため仕方なく入部したのが、姉が所属していた吹奏楽部だった。そこで待っていた、顧問の藤本盛三《ふじもとせいぞう》先生による指導は、野球少年だった樋川氏が驚くほどの厳しさだった。

朝練と昼練、放課後の練習に加え、重い楽器を持って演奏する体力を養うための筋トレや走り込み。さらに、厳しい先輩後輩の上下関係。楽器の扱い方、練習に臨む態度はもちろん、「その口の利き方はなんだ！　ちゃんと敬語を話せ！」と、言葉遣いに至るまで上級生から徹底的に指導された。さらに、練習をさぼろうものなら、上級生に部室の裏に呼び出されて厳しく責められた。小学六年生の時に吹奏楽のコンクールで全国優勝を果たした時、「そうか、ここまでやり抜けば、全国一になれるのだ！」と心から納得したのだ。また、厳しい指導だったが、必死に食らいついていくうちに力がつき、チームがまとまっていったことも感じたのだった。

「あの方法なら、スクール生たちをきちんと育てることができるかもしれない。藤本先生にお願いして、うちのスクール生を指導してもらおう」

藤本先生は、かつての教え子の志を応援しようと、指導を快諾してくれる。

地域を支える人材育成へ軌道修正
――「心技体」の教え

樋川氏はさっそく、スクールの軌道修正に乗り出す。

スクールへの入所が決まって初めてのレッスンは、ダンスや歌ではなく、藤本先生の講義からスタートした。スクール生を指導する役割を全面的に担っていた由佳子氏も、樋川氏とともに講義に同席した。

藤本先生の講義が始まった。

「朝起きたら『おはよう』と言いましょう。顔を洗いましょう。その場に合った服装をしましょう。なぜなら、人に不快に思われないようにするためです。三度のご飯をきちんと食べましょう。なぜなら、健康な体が大事だからです。学校に行く時に交通安全に気をつけましょう。なぜなら、君たちが事故にあったら悲しむ人がいるからです……」

初めて藤本先生の講義を聞いた時の由佳子氏は、「え？　そんな当たり前のことをわざわざ言わなくても良いのでは……」と、首をかしげる。

しかし、講義を聞くスクール生たちの表情が、次第に引き締まったものに変わっていくのを見た時、「ああ、そうか。藤本先生は、周りの人への感謝の気持ちが大切なこと、そして、当たり前のことを当たり前にできるようにすることが、人前に立った時に一番大切なのだと教えてくれているのだ」と、すとんと腑に落ちる。

小学校の音楽教師だった藤本先生は、基本的な生活習慣のほかに、ノートの取り方、歌う時の音の取り方、毎日のトレーニングの組み立て方など、細部にわたって指導してくれた。

樋川氏は、お寺での二泊三日の合宿も実施した。そこでは、自分たちで清掃や炊事をさせ、座禅、ランニングで心と体を鍛えさせた。食事の際には箸の持ち方から食べ方、さらにはきれいな字を書くための鉛筆の持ち方など、本来なら家庭で教わってくるべきことまで細かく指導した。お辞儀の仕方も、九十度に深く頭を下げるように徹底して練習させた。

合宿ではボランティアスタッフが講師を務めるほか、藤本先生も毎日のように合宿所を訪れ、専門である音楽の基礎知識だけでなく、机の並べ方に至るまで厳しく指導してくれた。

「細かい所から一つ一つきちんとしていくこと！ そういうことが大事なんだよ！」

藤本先生の指導を受けることで、初めは返事をすることもできなかったスクール生が、しっかりと受け答えができるように変わっていった。もっと向上しようという気持ちが、表情にも態度にも表れるようになっていったのだ。

由佳子氏は、子どもたちの変化を目の当たりにし、「挨拶や礼儀などは、親から講義のように教えてもらうことではないのかもしれない。親は親で、学校で学んでくるものと思っているかもしれない。そして学校は、親が教えてくれるものだと思っているのかもしれない。そこで、改めて、親でも先生でもない、第三者の大人からきちんと教えられることが、大事なのだ」と、ひしひしと感じていた。

樋川氏は由佳子氏とともに、藤本先生の教えを聞き漏らすまいとノートに書き留めた。

さらに、藤本先生自筆のレジュメ「歌手・演奏者になるために」をバイブルとして、挨拶と礼儀作法の基本を徹底的に指導していくことを決める。

先輩が後輩を指導するやり方へ転換

スクール生の指導は、資金不足で外部講師をじゅうぶんに頼めないという事情もあったが、基本的な言葉遣いや挨拶から、ダンス、そして歌に至るまで、先輩から後輩に教えさせるようにした。

先輩として教える立場になることで、後輩が思い通りにならない場面にかならず直面する。その時、どうやったら教えたいことが伝わるかを、必死に考えざるを得なくなる。それが良い訓練となり、将来、様々な人が集まる社会に出た時に役に立つはずだ。すべて、樋川氏の吹奏楽部での体験がもとになっていた。

オーディションの方式も変えていった。スクール生の家庭環境を見ることが大事なことから、面接を親子一緒に実施した。ダンスや歌の技術よりも、最後までやり抜ける子を選ぶために、一定区間を往復で走り続けるシャトルランを審査に取り入れた。先輩の子たちも一緒に走らせ、諦めずに走り続ける子を採用するようにした。

精神力、技術、体力、すなわち、「心技体」が揃ってこそ、人前でのパフォーマンスができる。「心技体」をスクールの教育の柱にしよう。そして、何よりも、この芸能スクールを卒業して社会に出た時に、地域で活躍できる人材に育てることを第一に考えよう。

そう心に誓う。

大事なコミュニケーション能力——MCとトークの力を上げる

人としての基本を整えた先の、りんご娘のパフォーマンスをどうやって上げていくのか。

ちょうど、若い人たちが携帯電話のメールでやり取りをすませがちで、人を前にした直接のコミュニケーション能力が低下していることを危惧していたところだった。こんな時代だからこそ、逆に、アナログでのコミュニケーション能力が大事になるはずだと、ラジオのパーソナリティーやステージ司会の経験が豊富な由佳子氏に、トークやMCの指導を頼んだ。

この当時、アイドルにMCの練習をさせる芸能スクールなど、ほかに例のない存在だったかもしれない。しかし由佳子氏は、ステージ司会を数多く経験してきた中で、どんなに歌やダンスがじょうずでも、MCがうまくいかないためにすべてが台無しになってしまう場面を何度も見てきた。りんご娘の第一の目的が、青森の魅力を伝えることであるならば、トークはいっそう大事になる。スクール生には、MCとはいったい何なのか、MCをする上で大切なのは何かを学ばせたいと、指導に臨んだ。

MCやトークでは、聞き手の共感をどう得るかが大事なポイントだ。

樋川氏は「イベントで回る地域については、特産品や地域の特徴について、かならず調べ、特産品や地域の魅力を褒めなさい」と教えた。地域の特産品や魅力は、地元の人たちも誇りに思っているものだが、改まって誰かに褒められる機会は意外と少ないものだ。褒めることには、大きな意味があった。りんご娘が特産品や地域の魅力を褒めることで、地元の人たちから喜ばれる。喜んでもらえることがりんご娘の自信につながり、りんご娘も自ら、それぞれの地域の魅力を見つけ出そうと積極的な姿勢になっていった。

スクールの講義では、青森県にある四十市町村の名前をすべて覚えるのはもちろんのこと、青森県のデータベースを資料として渡し、その時々の青森県で全国一位になっているものは何かなど、たくさんのデータを頭に入れさせた。結果、話題の引き出しは豊富となり、青森県人の塩分摂取量や一世帯当たりのインスタント麺の消費量が全国一位であることなど、地元民でもなかなか知らない話題で観客の心を引きつけることにつながった。

由佳子氏は、「話す内容を箇条書きにメモしておき、順位をつけて話しなさい」とスムーズに話すための技術も指導した。紙に書いた文章を読み上げていると、いったん文章を見失ってしまえば最後まで話すことができなくなってしまう。メモをしておけば、仮に一部を飛ばしたとしても、ほかの内容を瞬時に見ながらカバーできるというわけだ。さらに、手鏡を用意させて自身の表情につねに注意を払うように指導するなど、まだ小学生から高校生のスクール生たちに、プロのスピーチ技術を惜しみなく教えていった。

MCの演習は、現場を想定して鍛えていった。イベントがあると仮定し、自分が出演した時のMCを三十分以内で考え、みんなの前で発表させる。グループの時の掛け合い、一人で話す時と、それぞれの場面を想定して練習し、スクール生同士でアドバイスをしあう。そこに樋川氏と由佳子氏のアドバイスも加えてノートにまとめさせ、次に生かせるように学ばせていった。さらに、樋川氏と由佳子氏はかならずイベント会場に同行し、ステージでのパフォーマンスをビデオに撮り、映像を見て振り返りながら互いに改善点を考えさせた。

スクール生がいつのまにか、臨機応変にMCのコツを掴んでいることに、由佳子氏が驚かされる場面もあった。

スクール生が努力を重ね成長していく姿を前に、樋川氏、そして由佳子氏の胸に、ある思いが芽生えていた。

「今まで見たこともない、りんご娘を見てみたい！　かならずこの子たちを、全国の舞台に立たせてあげたい！」

こうして基本を鍛え、歌とダンス、MCのトレーニングを続けていたが、そう簡単に「りんご娘」の評価は上がってこなかった。

地域の人に愛されたい！
——それこそが、りんご娘の意味

入所して約半年後の、２００３年9月からりんご娘として活動するようになった「初代ジョナゴールド」は、りんご娘に対する周囲の冷ややかな目に悔しさを噛みしめていた。

「りんご娘？　聞いたことないよね。それって何？」

当時は、県外はおろか青森県内でも、りんご娘の知名度は低かった。デビュー直後はいくつかのイベントに出演したものの、パフォーマンス力も知名度も低いりんご娘が、わざわざイベントに呼んでもらえる機会などほとんどなかった。

樋川氏は、地域の人たちに少しでもりんご娘を知ってもらおうと、保育園や幼稚園、老人ホームや福祉施設の、お楽しみ会やクリスマス会などの季節のイベントに声をかけてもらい、ボランティアとして歌やダンスを披露する活動を始める。

「発表の場は少なくても、地元の人に愛されることで、地元の人に応援してもらって初めて、りんご娘をやっている意味があるんだよ」

樋川氏は、「初代ジョナゴールド」らりんご娘に繰り返しそう伝えた。

当時は専用のレッスン室など無く、樋川氏の自動車販売会社が持つ整備工場の事務所でレッスンがおこなわれていた。床は打ちっぱなしのコンクリートだった上に、資金がなく大型の鏡も準備できなかったため、壁には車用のミラーフィルムを貼って工夫していた。冬には外気が入り込み、トイレが凍り付いてしまうほどだった。後に別の場所にレッスン室を借りたものの、エアコンも無く、冬は寒く夏は汗だくになるような暑さの中で、ひたむきにレッスンに励んだ。

「初代ジョナゴールド」らは、「私たち、りんご娘が農業活性化アイドルであることを、もっと地域の人たちに知ってもらおう」と、農作業着に長靴を履き、農家のもとでりんご畑の手伝いをし、その様子をブログで発信するなど、地道な活動を積み重ねていった。

「地域の人に愛されたい！　地域の人に、りんご娘を知ってほしい！」

その思いを原動力に活動していった。

津軽弁でしゃべれ——方言は誇り&自分たちらしさ

りんご娘のMCは、当初は標準語が使われていた。しかし、ぎこちない標準語を使う「初代ジョナゴールド」を見て、樋川氏は考えを改める。家族との日常会話が方言であり、むしろ標準語で話す機会が少なかった「初代ジョナゴールド」は、標準語のイントネーションに気を取られたり、自分を良く見せようという気持ちが出たりと、MCが不自然なものになっていたからだ。

そこで、樋川氏は「初代ジョナゴールド」に、MCやトークを津軽地方の方言である津軽弁で話すように勧める。

「おめ、津軽弁でしゃべれ（おまえ、津軽弁で話せ）」

当時はまだ、テレビなどで市民権を得ていた関西弁と違い、東北の方言は田舎者の代名詞だった。東北本線の列車に乗って首都圏に出た際に、東北訛りを笑われる恥ずかしさから無口になりがちで、東北人は物静かというイメージが作られてきた経緯があった。しかし樋川氏には、「青森の方言は、自分たちの文化であり誇りである」という信念があった。

津軽弁で話すようになると、MCに良い変化がもたらされていった。ちゃんとした標準語で話さなければという気負いが無くなったことでトークが自然体となり、自分たちらしさを出しやすくなったのだ。また、青森でも若い世代では標準語を話す人が圧倒的に多い中で、「若いのに、よくそんな方言を知っているね」と、地元の人たちから親近感を持たれるようになった。県外に一歩出れば、津軽弁は、大阪弁や博多弁のように全国的に認知されている存在からは程遠い。それゆえの珍しさもあり、「どこの言葉？　何て言っているの？」と、興味を持って耳を傾けてもらえる場面が多くあった。

当時は、東北の方言、ましてや津軽弁を話すアイドルなど、りんご娘のほかにはいなかった。津軽弁とアイドルという「意外性」のある組み合わせは、りんご娘のコンセプトである、「cool & country」にも通じていた。

「皆さーん、へばねー。あ、津軽弁で、じゃあまたねー、と言う意味ですよー」

りんご娘たちが、素朴な津軽弁でくり広げるトークは、時には笑いを誘って会場を和ませると、一転、アイドルとしての歌や踊りとのギャップで、県内外の人たちの心を掴んでいった。

継続のために
——有限会社リンゴミュージック設立

人材育成へ舵を切ったところで、弘前アクターズスクールプロジェクトをさらに一歩進める時がやって来た。

資金ゼロからスタートした当初から、スクール生の月謝無料を貫いてきたため、スクール生たちに対しては必要以上の気遣いをすることなく、自分たちの思うような指導をすることができた。方針に合わないスクール生に対しては、辞めさせる決断もできた。いっぽう、現実の金銭面では苦しく、ダンスや歌の指導、メイクや写真撮影などは無償ボランティアによって支えられてきたものの、経費の赤字部分は、すべて樋川氏が私財を投じて補っている状態が続いていた。

家族の中では、自動車販売会社と芸能スクールのどちらを取るのかの議論が、つねになされていた。特に、自動車販売会社の創業者である父は、「人助けもほどほどにしろ」と、反対の立場だった。

樋川氏は、自動車販売会社と弘前アクターズスクールプロジェクトのどちらも諦める気はなかった。しかし、月謝無料でスクール生を育てている以上、様々な経費を賄うための収益をあげていかなければ、活動の継続は無理であることも認識していた。そこで2005年に、無償ボランティアだけで支えられていたプロジェクトから発展的に、芸能事務所として有限会社「リンゴミュージック」を設立し、そこで、タレントのマネジメント、著作権管理、テレビやラジオのCM制作などの業務を担当していくことになる。

リンゴミュージックの企業理念として、「青森県に生きる、ヒト、モノ、コトをユーモアと情熱でプロデュース。青森県に生まれたご縁を生かし、地球に住むすべての人たちの役に立ちたい。」を掲げた（現在もＨＰに記載）。

ユーモアがあれば、どんな逆境も明るくポジティブに変えて乗り越えていける。絶対にやり続けるという情熱があれば、かならず思いは伝わり、周りを動かすことができる。青森県に生まれたことに感謝し、そこで培った人と人とのつながりや伝統、文化、産物を生かし、青森県だけでなく、日本全国、その先の、世界中の人の役に立ちたい、という願いをつづった。

どんな時も、けっしてぶれることなく、その理念を実行していくことを誓う。

彼の軽トラに乗って——全国リリース

2005年にリンゴミュージックを設立したタイミングで、りんご娘を全国の人に知ってほしいと、農家の青年との恋を歌ったシングル『彼の軽トラに乗って』を全国リリースする。しかし、自主レーベルでのリリースであり、まったくの無名の状態であることから、やすやすと売れるはずもなかった。樋川氏は、CDを手に県内のレコード店をくまなく回ったほか、東京のレコードショップにも飛び込みで営業に行き、CDを置いてもらえるように頭を下げた。

2004年は地方アイドルがブームとなり、全国各地で地方アイドルが誕生し始めた時期でもあった。CDを全国リリースしたことで、りんご娘はその先駆けとして少しずつメディア等から注目されるようになっていく。

この頃、樋川氏は知人を介して中国の大連市と縁ができ、大連市在住の日本人と中国人が互いに友好を深めるための「大連TV主催中日友好のど自慢大会」に、「初代ジョナゴールド」らりんご娘をゲスト出演させた。弘前アクターズスクールプロジェクトを立ち上げた当初から、樋川氏は、チャンスさえあれば、スクール生を海外へ行かせたいと考えていた。「若い子たちにはぜひ、青森、そして日本だけでなく世界に出ていき、ここではできない経験をしてきてほしい。世の中を知ってほしい。それが自分自身を知ることにもつながり、世界が広がる」という思いがあったからだ。その思いは、後に続いていくことになる。

２００６年、りんごを通した世界平和への願いを込めたポップソング、『りんごのキモチ』をリリースすると、県内のテレビ番組やＣＭの曲として『りんごのキモチ』が起用され、りんご娘の青森県内への浸透に弾みがついていく。

２０００年のデビュー以来、りんご娘の楽曲は、ボランティアスタッフと樋川氏の共作によるものだったが、リンゴミュージック設立のタイミングで、樋川氏自らが作詞作曲をしていくことになる。音楽を専門的に学んだことのない樋川氏であったが、自らの思いを伝えるために、青森の特産物を盛り込んだ青森応援ソングや命のつながりと津軽弁を描いた楽曲などを作っていった。

この頃のりんご娘を中心となって支えていたのは、「初代ジョナゴールド」と「レッドゴールド」だった。彼女たちの活躍で県内でのりんご娘の知名度は高まり、後に受け継がれる「津軽弁」と言った独特のスタイルも確立していき、スクール生も少しずつ増えていった。

２００６年、スクール生たちに発表の場を与えたいと、りんご娘の妹グループとして「アルプスおとめ」を結成させる。縁日のりんご飴などに使用する、加工用のミニりんごの品種名、アルプス乙女から名付けた。アルプスおとめはイベントにも同行し、ステージ上でりんご娘のバックダンサーを務めるようになる。翌２００７年の正式デビュー時には、アルプスおとめのメンバー名を、「下山」「小林」「工藤」「斉藤」など、弘前のりんご農家に多い苗字にした。こちらも、およそアイドルらしからぬ芸名であると驚かれたが、りんご娘もアルプスおとめも、地元りんご農家の応援が活動の目的であることを、周囲、そしてメンバー自身にも理解させていった。

「王林」──ファッションモデルを夢見て入った芸能スクール

2007年、小学校三年生の少女が弘前アクターズスクールに入所する。後にりんご娘の「二代目王林」となる少女である（二代目王林は、現在タレント「王林」として活動していることから、本書では以降、「王林」と表記する）。

「王林」は子どもの頃から、盆踊りでも隅のほうではなくつねに中心で踊るほど、人前でも緊張せずに行動できるタイプだった。おしゃれも好きで、ファッションモデルになる夢を持っていた。「王林」の夢を知っていた母親からスクール生募集の新聞広告を見せられると、地元の弘前でもステージに立つことができることに興味をひかれ、オーディションを受けて入所する。樋川氏の、「王林」に対する第一印象は、「体がずいぶん細く、おとなしい子だな」というものだった。この時はまだ、りんご娘を全国的に飛躍させる存在になるとは、予想もしていなかった。

入所してすぐ、「王林」は、期待していたダンスや歌のレッスンよりも、基本的な挨拶、感謝の心、靴の揃え方や箸の持ち方、お辞儀の仕方、ＭＣ、青森についての知識などの座学ばかりが延々と続くことに驚く。指導は厳しく、今日はいったい何を教えられるのだろうかと、怯える日々だった。しかし、持ち前の素直さで、人前に立つにはこうした基本的なことが大事なことなのだと受け入れていく。「王林」の入所一年後の２００８年には、後にりんご娘の「とき」としてともに活躍することになる少女が入所する。

ちょうどその頃、「王林」は親の転勤に伴い、弘前市から青森市へ転校することになった。青森から弘前まで電車で一時間とはいえ、都会と違って電車本数の少ない地方では、移動の負担が大きい。両親は、スクールに通うことに難色を示す。

「小さい子が電車で通うのは危ないので辞めさせたい」

「ご両親の気持ちは良くわかります。けれども、本人が歌やダンスが好きで、やりたい思いがあるのなら続けさせてみませんか。仲間と比べたら距離、時間のハンディキャップはあるけれど、もしかしたら大成するかもしれませんよ」

樋川氏は、そう説得した。

親が送り迎えする子よりも、電車やバスなど自分の足で通う子は、どんなに大変でも好きなことをやろうとすることを実感していたからだ。

実際、青森―弘前間の移動で、「王林」の帰宅は夜の十時近くになっていた。それでも、「王林」にとっては、弘前アクターズスクールに通う楽しさのほうが何倍も勝っていた。むしろ苦労をしたのは、勉強との両立だった。「スクールを卒業した後も社会人としてきちんとやっていけるように」という樋川氏の考えから、スクールの方針の一つに、芸能活動を口実に勉強をおろそかにしないという「文武両道」があった。両親も、どうしても芸能をやりたいなら応援はするが、勉強がおろそかになればいつでも辞めさせるという考え方だったため、勉強の遅れのためにスクールを辞めさせられることが無いように、学校の勉強も必死で取り組んでいった。

毎日のようにスクールに通い、土日はイベントのために、学校の活動に参加する時間が少なくなり、友だちと過ごす時間が短くなる。まだ、りんご娘の活動への理解が地域にじゅうぶん浸透していなかった時期でもあり、クラスで仲間外れにされ、悲しい思いをすることもあった。正直、「王林」自身も、ふつうの女の子のように友人と遊ぶ時間も欲しいと思わなかったわけではない。それでも、スクールに通い続けたのは、活動にやりがいを感じていたからだった。

「どんなに大変でも、意地でもやってみせる!」

「王林」の胸の中には「じょっぱり」魂があった。「じょっぱり」とは、津軽弁でいう「意地っ張り」「頑固者」である。

樋川氏の期待通り、「王林」は青森市から通い続け、芯の強さを見せた。

「王林」
——先輩たちの後ろ姿をバックダンサーとして見つめながら

やがて「王林」は、りんご娘のバックダンサーとして、ステージについていくようになる。イベントの前には「王林」のすぐそばで、「初代ジョナゴールド」らが、訪れる場所で有名なものは何か、地元の人にとって大切なものは何なのか、どんな話題を喜んでくれるのかなど、入念にMCの打ち合わせをしていた。

ステージ上では、「初代ジョナゴールド」らが、一人一人と目を合わせて客に話を投げかけ、会話に引き込んでいく。

「こんにちは！　私たち、青森のりんご娘は、皆さんにりんごの名前を憶えていただくために、一人一人にりんごの名前がついています。ジョナゴールドは、ちょっと酸味があって、加工にも向いています。ジュースやアップルパイにしてもとってもおいしいですよ。ぜひ、食べてみてください！」

MCに耳を傾けながら、「王林」は、自分たちの役割が、青森、そして弘前のりんごを全国の人に知ってもらうことであると理解していった。

さらに、「初代ジョナゴールド」らは、県内外のどんな場所でも、臆せずに津軽弁で語り掛けていく。

「皆さん、たんげ楽しんでいってけ（たくさん楽しんでいってくださいね）！」

「王林」は、「初代ジョナゴールド」らが、どこにいっても青森の発信を貫いているることに、尊敬と憧れを抱くようになる。

「私も同じようにできるようになりたい！」

こうして、「初代ジョナゴールド」らから、すべてを学んでいった。

また、高齢者施設や障害者施設への慰問では、自由に外に出歩くことのできない人たちが待っていた。施設を訪問するたびに、「来てくれてありがとう！」と感謝され、ステージイベントとは違う、人と人との温もりを味わっていった。

「自分がいつかステージに立ったときも、人の温もりを感じさせる空間を作りたいな。優しく声をかけてくれる人たちに、いつかかならず恩返しをしたい！」

そんな思いを育てていった。

3

トレイン
——故郷への思い＆夢への応援を込めて

◀左から、とき、
初代ジョナゴールド、
レットゴールド、
二代目金星のりんご娘

▶弘前産りんご
PRキャラバンに
同行した、
ときと王林

故郷への思いを込めて——青森愛を育む

2009年には、デビューから地道に継続してきた活動と、津軽弁での軽妙なトーク力が認められ、りんご娘に青森のテレビ局での冠番組のチャンスが訪れる。これまで施設訪問、イベント出演やラジオ番組が主体の活動だったが、テレビでの露出が増えたことで、「地元アイドルりんご娘」として少しずつ認識されるようになっていく。

番組は、当時のりんご娘の「初代ジョナゴールド」と「レットゴールド」の二人が軽トラに乗り、青森県内各地を回って地域の特産や情報をレポートしていくものだった。「青森の宝物を見つける！」を合言葉に、各地の農家のもとを訪れ、畑の作業を手伝い、農業やその土地の魅力を教えてもらうなど、地域に積極的に飛び込んでいく姿は好感を呼び、『りんご娘の産地直送☆青森最高！』への出演は2009年から2013年まで続いた。

回を重ねるごとに、ロケ先では「りんご娘が来たよ」と人が集まるようになり、「よく来てくれたね」と歓迎されるようになった。農家の人たちからは、「食べへ(食べなさい)」と、採れたばかりの野菜や果物を勧めてもらう。一口に青森県といっても、津軽地方と南部地方というように文化圏は大きく分かれ、地域ごとに方言、特産品や農作物まで様々だ。「初代ジョナゴールド」らは、地元テレビ番組のレポーターとして青森県内をくまなく見て回りながら、それぞれの土地柄のおもしろさに心惹かれるようになった。

「県内には、こんなに魅力的な特産品や地域があったんだ。もっともっと青森のことを知りたい!」

青森県内についてどんどん興味がわいてくると同時に、自分たちの使命についても、より深く感じるようになっていった。地域を回りながら、「青森をもっと元気にしてくれよ!」と声を掛けられる場面が多くなったのだ。

「青森には、人情やおいしい食べ物、景色や伝統の祭りなど、すばらしいものがたくさんある。なのに、若者が働く場所が少なく、なかなか夢を持てない。私たちが青森の魅力を伝えることで、働く場所が増え、皆が夢を持てるようになってほしい。そのためにも、もっとたくさんの人に青森の魅力を伝えたい！」

そう思ういっぽうで、地元の人の多くが、「青森は本州最北の地で何もない」というイメージを受け入れていることに、悔しさを覚えるようになっていた。りんご娘としてステージから青森の魅力を発信することで、地元の人、何よりも、自分たちと同じ若い世代にこそ、青森の魅力に気付いてほしいと願いながら、発信していくようになる。

そのまま順調にいくように見えたりんご娘の活動だったが、小さな芸能事務所ならではの事情も抱えていた。大手プロダクションとちがい、スクール生が数人から多い時でも二十人程度と圧倒的に少ない。さらに、一人一人に丁寧に向き合う育成方法をとっていたため、抱えられるスクール生の数にはおのずと限界があった。メンバーの進学や受験の節目で、かならず卒業や休業のタイミングが来る。りんご娘の構成メンバーの入れ替えでいっきに若年化し、積み上げてきたパフォーマンスのレベルが再び振り出しに戻ってしまうのだ。

りんご娘としてがむしゃらにがんばってきた「初代ジョナゴールド」も、横浜の大学に進学する時が来た。あえて横浜の大学を選んだのは、「地元に残ったら、りんご娘の活躍を見るたびに辞めたことを後悔するにちがいない。思い切って外に出て青森を見てみたい」との思いからだった。

樋川氏は、当時小学六年生の「とき」と中学三年生の「二代目金星」ら、新しいメンバーをりんご娘に加入させたが、パワーダウンは否めない。「初代ジョナゴールド」が、りんご娘の活動に強い思いを持っていることを知っていた樋川氏は、土日のイベントに合わせ、夜行バスで弘前に通うことを提案する。夜行バスで横浜―弘前間は、片道十時間の長い道のりだ。背中を押したのは、由佳子氏からの「大学とりんご娘のどちらかだけを選ぶのではなく、どちらもやればいい」という言葉だった。「初代ジョナゴールド」は「そうだ、どちらもやればいいんだ!」と、りんご娘を続けることを決める。

毎週、金曜日の授業が終わると夜行バスに乗り、翌早朝に弘前駅に着く。そこからイベント会場へ向かい、日曜の夜の夜行バスで、早朝に横浜に戻ってそこからまっすぐに大学の授業に出るという、超ハードスケジュールだった。「初代ジョナゴールド」がそこまでして、毎週のように弘前に通うことができた源は、「私はりんご娘の活動が好き！ そして、大好きな青森に、毎週帰ることができる！」という思いだった。

トレイン
——転機となった、東北新幹線新青森開業&東日本大震災

樋川氏は、2010年12月の東北新幹線新青森開業に合わせて、応援ソング『トレイン』を作詞作曲する。歌詞には、故郷の大切さを伝えるとともに、勇気を持ち夢に向かって外の世界へ飛び出してほしいという、地方の若者への願いを込めていた。

リリースの数か月後の2011年3月11日に東日本大震災が発生すると、人と人とのつながりが生き抜く力になるようにという願いを込めた三番の歌詞を、『トレイン』に加えた。りんご娘は、被災地の人々を元気づけようと、東日本大震災からの復興応援ソングとして『トレイン』を歌うようになっていく。

じつは、震災発生の少し前に、津軽弁を話す青森の地方アイドルとして注目され、全国放送の人気バラエティー番組「さんまのスーパーからくりTV」出演のチャンスが巡ってきていた。収録も済ませ放映を待っていたタイミングの大震災発生で、放送はいったん延期となったが、大震災の九日後の3月20日に放映される。一回目の放送で、津軽弁とアイドルのギャップと、りんご娘の明るく素直なキャラクターが大きな反響を呼ぶと、番組内にりんご娘のコーナーが作られ出演オファーが続いた。この時「王林」も、妹グループアルプスおとめの一員として番組に出演する。

「初代ジョナゴールド」、「レットゴールド」、「とき」、「二代目金星」のりんご娘は、番組企画の芸能人かえうた王決定戦で新人賞を獲得する。賞状を手に「胸を張って、青森に帰れます！」と呼びかける姿は、青森県の人々をはじめ、被災地東北の人々を勇気づけた。また、青森県のりんごを紹介するコーナーでは、「二代目金星」がレポーターを務めて盛り上げた。りんご娘のコーナーは2012年2月まで約一年間続き、番組企画として日本各地のご当地アイドル日本一を決定するコンテストに挑戦するも、決勝での優勝を逃した形で番組出演は終了となる。

「私たちはこれまで、青森を元気にするためにやってきました。これからも、青森を愛し続けます。青森にたくさんの人が来てもらえるように、がんばります！」

優勝を逃した悔しさを噛みしめながらも、テレビからそう呼びかける「初代ジョナゴールド」の言葉は、視聴者に強い印象を残す。りんご娘のコーナーがある放送回では、エンディングに『トレイン』が流され、りんご娘の歌が全国の人へ届く機会になった。

この時の全国放送を境に、りんご娘は、青森県内はもとより県外でも、行く先々で「テレビを見たよ」「りんご娘だよね」と声が掛かるようになる。知名度の低さに泣いてきた「初代ジョナゴールド」、そして樋川氏らは、りんご娘がやっと認知されるようになったことを、肌で感じることになったのだ。

りんごのPR活動 ——農業活性化アイドルの役割を果たす時

いっぽう、東日本大震災の被害は広範囲かつ多方面にわたり、東北の農家は大震災による原発事故の風評被害に苦しむことになる。青森のりんごも例外ではなく、販売は大きく落ち込み、農家だけでなく地域経済も苦境に立たされる。樋川氏も心を痛めていた時、弘前市役所の農林部長から申し出を受けた。

「樋川さん、あなたたちは、ここまでよくがんばってきた。ぜひ、りんご娘に弘前のりんごPRキャンペーンのマスコットになってもらい、一緒に全国を回ってくれないか。弘前りんごのために、力を貸してくれないか」

これまでの地道な活動が認められ、りんご娘が、農業活性化アイドルとしての使命を果たす時が来たのだ。りんごの販売促進「パワーアップる！　弘前産りんごPRキャラバン」に同行することで、りんご娘が県外へ行く機会が増えていった。「初代ジョナゴールド」らは、りんごについて今まで以上に勉強をして販売促進に臨んだ。

「りんご娘は、単なるマスコットガールではないはず。弘前の、青森のりんごを、皆さんに手に取ってもらえるように、その魅力を伝えたい！」

2011年の11月には、全国九か所を回ってPR活動をしたほか、りんご娘を起用した弘前りんごのCMも首都圏で放映された。それ以降毎年、りんご娘は弘前産りんごPRキャラバンに同行することとなる。

樋川氏は、弘前産りんごPRキャラバンのほかにも、機会があれば、東京の百貨店での販売促進イベントや、東京ドームを会場とした「ふるさと祭り」などに、次々とりんご娘を参加させていった。

東北の農産物に対する強い逆風が吹く中、「初代ジョナゴールド」らりんご娘は、東京ドームいっぱいの観客を前に、青森りんご、そして東北の魅力を全力で伝えたのだった。

りんごのうかの少女
——弘前を舞台にした映画の夢

2012年、弘前市の事業として「地元視点で弘前の魅力を伝える映像作品を制作しよう」という発案がなされると、樋川氏はプロデューサーとして手を挙げ、短編映画「りんごのうかの少女」の制作に乗り出した。

映画製作に興味を持っていた樋川氏は、2008年公開の、青森県十和田市の農業高校を舞台にした映画「三本木農業高校、馬術部」に「初代ジョナゴールド」を出演させていた。映画の劇中歌として、りんご娘の歌う『彼の軽トラに乗って』も使用されていた。

「りんごのうかの少女」の映画製作には、かねてから「弘前市を舞台にした映画を作ろう」と夢を語り合っていた、弘前観光コンベンション協会（現在）の白戸大吾氏の応援を受ける。白戸氏は、樋川氏が弘前アクターズスクールプロジェクトの活動を始めた頃、弘前市に映画やテレビドラマを誘致するフィルムコミッションを立ち上げていた。白戸氏には、「弘前には、撮影に必要な風景、文化があり、撮影に協力してくれるような、地元への思いを持った人がいる」という自負があった。

りんご娘が活動を始めた当初、白戸氏はその活動を応援しながらも、ローカルなら通用しても全国的な活躍は難しいだろうという印象を持っていた。しかし、地域のために働き、全国に通用するパフォーマンス力を磨きながら向上していく姿を見続けるうちに、「損得抜きでりんご娘たちを応援したい！」という気持ちを抱くようになる。そこで、「りんご娘たちに撮影の現場を体験させてやりたい。映像制作の現場に触れることで、きっと良い勉強になるはずだ」と、テレビドラマのエキストラ出演の機会を設けてきた。2011年には白戸氏のアレンジにより、津軽地域で三代、百年続く大衆食堂をモチーフにした小説の映画化「津軽百年食堂」に「レットゴールド」が出演していた。

樋川氏は、「りんごのうかの少女」でりんご農家の家族と思春期の少女の物語を描き、主役の少女役に、実際にりんご農家の娘である、りんご娘の「とき」を抜擢する。白戸氏のアレンジにより、青森市出身の横浜聡子《よこはまさとこ》監督がオリジナル脚本を書き、演出を務めた。映画は、すべてのシーンが津軽地方で撮影されたことに加え、せりふもすべて津軽弁にしたことで、大きな反響を呼ぶ。

その後も、りんご娘とスクール生たちは、白戸氏のアレンジで、青森や津軽地方を舞台としたテレビドラマや映画への、出演の機会を得ていくことになる。

主要メンバーの卒業――アイドル後の人生

りんご娘が全国に向かって発信ができるようになった手ごたえを感じていた

時、2012年末から2013年3月にかけて、りんご娘のメンバー四人のうち三人が次々と卒業を決める。「初代ジョナゴールド」は大学卒業の年度を迎え、「レッドゴールド」は上京し本格的に芸能活動を始めることを決めた。「二代目金星」は、大学受験に専念するためだった。

抜群のトーク力で活躍した「二代目金星」は、ダンスが好きだったことから、小学五年生で弘前アクターズスクールに入所した。負けん気の強い「二代目金星」だったが、入所してすぐの礼儀作法の講義では、その厳しさを真正面から受け止め、合宿から家に戻った途端に泣き出してしまったほどだった。

「二代目金星」の入所当時、スクールに所属していたのは、りんご娘の「初代ジョナゴールド」と「レッドゴールド」、そしてもう一人のスクール生の、わずか三人だけだった。次の年の夏に「王林」ともう一人が入所しスクール生が増えたことで、りんご娘の妹グループであるアルプスおとめが結成されると、「二代目金星」はそのリーダーを務め、中学三年生でりんご娘のメンバーとなった。

「二代目金星」は、樋川氏から、「どんなに遠い目標、もしかしたらかないそうも無いような目標でも、口に出せ」と教えられていた。抱いていた夢は「先生になりたい」だった。小学校で出会った先生の、厳しく凛とした姿に憧れるとともに、りんご娘として慰問に行った幼稚園で子どもたちの輝く目に接しながら、子どもたちの力になりたいという気持ちが大きくなっていったのだ。樋川氏の教え通り、イベントの観客に対しても、「私の将来の夢は学校の先生なんです！」と、口に出して伝えるようになった。

りんご娘のメンバーになったばかりの時、「初代ジョナゴールド」ら二人の先輩には、経験や歌のレベルではどうしても追いつけないという現実に直面する。樋川氏からは、「自分の強みと弱みをはっきりさせなさい」と、自分の長所と短所を書き出す自己分析の指導を受けてきた。自分の長所について考える中で、周りの人から「安心して話を聞いていられる」と言われることが多いことに気づき、MCを自分の強みにしようと決める。意欲的に臨んだMCでは、コミュニケーション力も磨かれた。東京の有名百貨店でのりんご販促イベントの際は、スクールのレッスンで学んでいた青森県についての知識を生かし、青森県のランキングクイズを出すなど懸命にステージを盛り上げた。観客やスタッフからも大いに喜ばれた経験が自信になり、トーク力を自分の強みとするようになる。

青森県内でも有名な進学校に進学し、大学受験に専念するためにりんご娘を卒業することを伝えると、樋川氏からは、「自分の信念と未来を考えた時に、その道を選ぶのなら応援するから」と励まされた。

りんご娘の知名度を上げ、全国へ飛び出す土台を作った「初代ジョナゴールド」、「レットゴールド」、「二代目金星」がいっきに卒業することは、「また一からやり直しだ……」と正直なところ痛手だった。しかし、樋川氏は、卒業を決めたメンバーを引き留めることはしないと決めていた。

「いつまでも、アイドルでいられるわけではない。その後の人生をより良く生きるために、ここでの経験を生かして夢に向かっていってくれればそれでいい」

「初代ジョナゴールド」、「レットゴールド」、「二代目金星」の三人は、それぞれの進路に向かい、リンゴミュージックから巣立っていった。

りんご娘「王林」の誕生

２０１３年、樋川氏は、妹グループのアルプスおとめから、りんご娘に新しいメンバーを補充することを決める。

アルプスおとめのリーダーとして活動していた「王林」は、自分の思いを率直な言葉で表現し、グループを盛り上げるためにひたむきに取り組む姿勢で、ほかのスクール生たちからも愛される存在になっていた。

樋川氏は、アルプスおとめのメンバー一人一人と面接していった。

「りんご娘になってみたくないか？」と打診するも、このままずっとアルプスおとめとして活動していきたいという気持ちが強いからか、誰も首を縦に振ろうとしない。

「なれるのなら、りんご娘になりたいです！」

たった一人、そう答えたのが「王林」だった。

ここで、りんご娘は2013年に、「王林」と「とき」の二人体制となる。

樋川氏が「王林」と命名したのには理由があった。

これまで、りんご娘の芸名は、基本的には青森県のりんごの主力品種の中から、メンバーの性格や雰囲気をイメージしてつけてきたが、「王林」が加入する前年に、「とき」がりんご娘になるタイミングで、樋川氏は青森県庁のりんご果樹課へ出向いていた。

「これまで十年以上、りんご娘の活動をしています。メンバーにはりんごの品種名をつけていますが、どうせなら、りんご農家を応援できる名前にしたいので、農家さんが今、力を入れているりんごの品種を教えてください」

その時、りんご果樹課から勧められたのが、トキという黄色いりんごだった。

黄色や黄緑色のりんごは、りんごに日光を当ててまんべんなく赤く発色させるための「玉回し」という手間が要らないため、りんご農家の省力化のために、県も栽培に力を入れようとしていたところだった。樋川氏は、黄色い品種であるトキの普及につながればと、「とき」という芸名を与える。

ところがその年、トキの収穫を間近にひかえた弘前に台風が接近し、農家は落果の前に収穫することを余儀なくされる。黄色い品種のトキは色で熟しているかの判別がしにくく、熟度にばらつきがあった状態で収穫を急いだため、食味にもばらつきが出てしまった。結果、トキだけでなく黄色いりんご全体の評価が落ちてしまう。王林は昔からある黄緑色の品種で一般的には馴染みがあったが、黄色い品種の評価が下がったあおりを受け、王林の値段までも半分に落ちてしまった。その事態に樋川氏も胸を痛める。

そこで、りんご娘二人の芸名を「とき」と「王林」にすることで、黄色い品種に関心を持ってもらい、イメージアップをはかろうと考えたのだ。これまで、りんごの消費動向なども考えながら、りんご娘の芸名を付けてきた。その芸名が黄色系の品種だけになったのはこの時が初めてであり、二人の芸名には、少しでもりんご農家の役に立つようにという願いが込められていた。

二人がりんご娘になった時は、ともにまだ中学三年生であり、社会人の「レットゴールド」や大学生の「初代ジョナゴールド」、高校生の「二代目金星」が牽引していた時と比べれば、歌唱力もダンスも大きく見劣りしていた。

「王林」自身、りんご娘になれた喜びとは裏腹に、自分がりんご娘になったことで「初代ジョナゴールド」らのファンが離れていくのではないかという不安を抱えていた。しかし、持ち前のじょっぱり魂で、歌唱力やダンスのレベルを上げるために、必死に努力を続けていった。

地元テレビ局でのりんご娘の冠番組は、2013年の11月まで続き、「王林」は、卒業した「初代ジョナゴールド」らと同様に、青森県内を回る番組で地域の人と触れ合い、青森の魅力を発見していく。

いっぽう、弘前産りんごPRキャラバンに同行するようになった「王林」は、りんご娘の印象が弘前のりんごの印象に直結することを、ひしひしと感じるようになる。自分が青森県を背負っているという責任感が強くなっていった。県外へ販売促進に行くことは、視野を広げる意味でも大きな意味があった。今まで当たり前だと思っていた青森の姿が、当たり前ではないことに気づくようになったのだ。同時に、県外だけでなく、県内の人にも青森の魅力がじゅうぶんに知られていないのではないかという、もどかしさも感じるようになっていく。

人とのつながりを大事にするために
——一枚のはがきと三回のありがとう

樋川氏は、社会人となった時に役立ててほしいと、礼儀作法だけでなく、大手自動車会社での営業時代の経験をりんご娘たちに伝えていった。訪問先でお世話になった方々にはかならず手書きの礼状を出すことだ。弘前アクターズスクールプロジェクトを立ち上げて以来、テレビ局、行政の関係者など、出会う人ごとに樋川氏が礼状を書いていた。感謝を伝えれば、相手はかならず自分を覚えていてくれる。いつか何かあったときに、「ああ、この人だ」とシンプルな気持ちで応援してもらえるからだ。

ある時、いつものように礼状をしたためていた樋川氏は、ふと筆を止める。りんご娘自身に礼状を書かせたほうが、将来どんな仕事についても役に立つにちがいない。そこを学ばせるためにも、りんご娘たちにこそ書かせるべきだと気づいたのだ。

たった一枚の葉書でも、お世話になった感謝を伝えることで、出会った人との縁をつなぐ大切さを学ぶことができる。同時に、感謝の気持ちを礼状に繰り返し綴らせることで、支えてくれる人がいて初めて自分たちの活動が成り立っていることを、りんご娘たちの心に落とし込んでいった。

樋川氏は、たまたま見ていたテレビ番組で、ある芸能人の言葉に深く共感する。芸能界で生きていくには人柄が大事であること、そして「三回のありがとう」である。

「とても良いことだから、我々もぜひ実践しよう！」と、スクールの壁に「三回のありがとう」という言葉を書いて貼り、スクール生たちに伝えた。

「たとえば、差し入れをもらったら、その場で『ごちそうさまです』と言うよね。

次の日『昨日、おいしかったです。ありがとうございました』と、ふつうはこの二回までは言える。差し入れた人が忘れた頃に、もう一度『あの時はありがとうございました』と言いなさい。お世話になったことを忘れていないことを、三回のありがとうで伝えるんだよ。きっと、喜んでもらえる。人に出会ったなら、その縁をつなぐことも大事なんだよ」

樋川氏のこうした指導により、りんご娘はじめスクール生は、感謝の心を育み、感謝を伝える術を学んでいった。

りんごの木の土台を固めていく

2014年、樋川氏は、弘前アクターズスクールプロジェクトからプロジェクトの文字を外し、正式名を「弘前アクターズスクール」とする。順調にスクール生が増えてきたことから、りんご娘とアルプスおとめをリンゴミュージック所属タレントとし、それ以外のスクール生を「練習生（リーフ）」と称して弘前アクターズスクール所属という形にした。

弘前アクターズスクールとして初めてのオーディション募集が始まった頃、中学一年の女子生徒が、両親とともに樋川氏の経営する自動車販売会社を訪れる。

樋川氏は、女子生徒にチラシを手に何気なく勧めた。

「芸能スクールのオーディションがあるんだけれど、興味あるかな？」

「興味あります！」

女子生徒が即答したことに、樋川氏は驚く。すぐに返事ができなかったり、「親に聞いてから……」と言葉を濁したりする子が多い中で、「この子は素直で判断が速く、絶対に伸びる」と直感する。

この時の女子生徒は、後に二代目となる「ジョナゴールド」の芸名を与えられると、りんご娘の「ジェイ」として飛躍の一翼を担うことになる。「王林」には、自分にとってのジョナゴールドは敬愛する「初代ジョナゴールド」ただ一人、という思いがあった。そこで、愛称として頭文字の「J（ジェイ）」と呼ぶようになり、「ジェイ」の呼称がファンやスクール生の間で広まったのだ（本書でも以降、「二代目ジョナゴールド」を「ジェイ」と表記する）。

「ジェイ」は、ピアノやギターなど音楽に囲まれて育ったものの、アイドルそのものには特に興味はなかった。親の転勤で仙台や北海道を回り弘前に来たばかりであり、りんご娘を見たのも一度だけだった。それでも、子どもから高齢者まで幅広い年代のファンに囲まれている様子を見て「地元で愛されているグループなんだな」という印象は抱いていた。そんなアイドルになれたら楽しそうだと興味を持ち、オーディションを受けることを即断したのだ。

「ジェイ」が入所した半年後に、ひとりの小学生がスクールに入る。後にりんご娘の「彩香」となり、「王林」「とき」「ジェイ」「彩香」の四人で、「りんご娘FOURs」と呼ばれる一時代を築いていくことになる。

「ジェイ」が入所した2014年頃からは、スクール生も順調に増えていたが、表に出てスポットがあたるのは、あくまでもりんご娘だけだった。表舞台に立つ機会がないまま、小学校や中学校の卒業のタイミングで、スクールを去ってしまうスクール生もいた。

樋川氏は、スクールに入ってきた子たち全員に、ステージに立つチャンスを与えたいと、劇団を作ることを思い立つ。樋川氏には演劇の経験はなかったが、中学高校と、演劇部に所属していたことがあった由佳子氏の賛同を得て動き出す。発表の機会を与えると同時に、エンターテインメントに触れる機会が少ない弘前で、スクール生たちが自ら演じることを通して、様々な体験をする機会になってほしいという狙いもあった。

劇団の脚本をどうするかを考えていた時、リンゴミュージックの事務所に、東京から一件の問い合わせが入る。

4

Ringo star
——地方でも最高にクールなものが作れる！

◀愛踊祭2016

▶左から、
ジョナゴールド、
とき、王林、彩香の
りんご娘

下田翼氏（りんご飴マン）との出会い

東京からの問い合わせは、「『りんご飴×美女』のコンセプトで、りんご娘の写真を撮らせてほしい」というものだった。

連絡元の下田翼氏は、東京生まれの東京育ちで、当時大手広告会社に勤めながら、大学の友人たちとりんご飴を持った女性をコンテンツに、ウェブサイト「ringo-a・me」を運営していた。りんごの勉強をしたいと青森市を訪れた際、観光案内所で手に取ったチラシで、りんご娘の存在を知る。興味を持ち、「りんご娘の写真を撮らせてほしい」と、リンゴミュージックに連絡を取ったのだ。

樋川氏が確認のためにウェブサイトの「ringo-a・me」を見てみると、りんご飴のかぶりものをし、顔を赤く塗った下田氏が、「りんご飴マン」として登場していた。「見た目は怪しいが、ウェブサイトの文章を読むとまじめそうだ。試しに一度会ってみよう」と撮影をOKし、弘前に撮影隊を呼んだ。

撮影当日、顔合わせの挨拶が済むなり、「ちょっと待ってください」と荷物から仮装道具を取り出し、顔を赤く塗り始めた下田氏に、「王林」をはじめ、そこに居合わせた皆は、「ずいぶん変な人だな。どうしてこの人は真っ赤になっているのだろう」とぎょっとする。

いっぽうの下田氏は、「王林」らの礼儀正しさと素直な受け答えに、「今時、こんなに純真な中学生がいるのか！」と、少なからぬ衝撃を受けていた。さらに、「青森県のために活動したいんです！」と言う思いを聞き、まだ中学三年生でありながら地元に誇りを持って活動していることに驚く。同時に、自分はちゃんと生きていると言えるのだろうかと、我が身を振り返らずにいられなかった。また、東日本大震災から数年後に東北を訪れたタイミングでもあり、実際に地元のためにがんばっている人たちの姿を目の当たりにしたことにも、心が動いていた。

撮影終了後、樋川氏は下田氏に「劇団を立ち上げて公演をしたいと考えているんです。ぜひ、脚本を書いてもらえませんか」と打診する。下田氏のウェブサイトを見ながら、情報をまとめる力とその文才を見込み、脚本を書いてもらえたらと考えていたのだ。

突然の申し出に驚く下田氏だったが、りんご娘の純粋な姿に強く心惹かれるものがあった。脚本執筆は未経験だったにもかかわらず、自分が役に立てるならばと引き受ける。さっそく、東京に戻って脚本を書き上げると弘前へ送った。

樋川氏は、下田氏の脚本を基に、２０１４年５月に「劇団RINGOAME」の旗揚げ公演をおこない、２０１５年５月までに四回の公演をおこなう。すべてのスクール生に役を与え、主役はりんご娘以外から抜擢し、演出は由佳子氏が担当した。まったくの初心者だったスクール生たちは公演を重ねるごとに演技の上達を見せ、観客もスクール生たちの成長を楽しむことで、地元と一体になった公演が実現していく。

樋川氏は「どんな劇になるか、弘前に見に来てほしい」と下田氏を誘った。下田氏はスクール生の練習から公演までに立ち会うだけでなく、キャスティングも担当するようになり、たびたび足を運ぶようになる。やがて、公演のたびに成長を見せるスクール生の姿が楽しみになっていった。同時に、都会には無い、弘前のゆったりとした時間の流れを感じるようになる。まるでどこまでも自分を追いかけてくるような岩木山の雄大さ、そして、地域の人たちの温かい人柄や郷土に誇りを持つ姿に魅了されていったのだ。

「東京は確かに国の中心ではあっても、自分が生まれ育った東京を故郷ととらえ、スカイツリーや東京タワーに誇りを持てるだろうか。たぶん、持てないだろう。自分に無いものが、ここにはある」

そう思うようになり、いつの間にか、月に一度、夜行バスで東京―弘前間を往復するようになっていた。

いっぽうの樋川氏は、下田氏が弘前で生き生きと過ごす様子を感じ取っていた。そこで、弘前市で第一号となる地域おこし協力隊を紹介する。地域おこし協力隊とは、２００９年から総務省によって制度化されたもので、人口減少や高齢化で過疎化の進んだ地域に移住し、地域ブランドや地場産品の開発ＰＲ等の地域おこし支援や、農林水産業への従事、住民支援などの「地域協力活動」をおこないながら、その地域への定住・定着を図る取り組みだ。

ちょうどセカンドキャリアを考えていたこともあり、下田氏は、地域おこし協力隊への応募を決意し、2015年4月から弘前へ移住する。

弘前に移住を決めた一番の理由は、「自分がこの場所で必要とされている」ということだった。大企業では良い環境で働くことができたが、自分が離脱してもつねに誰か代わりがいる。組織では当たり前のことと理解しつつも、自分でなければできないことを考えるようになっていた。リンゴミュージックと関わっていく中で、自分をほんとうに必要としてくれる環境に、やりがいを感じるようになっていたのだ。

給料は、大手広告会社に勤めていた時の半分になったが、弘前ではお金以上に刺激的な生活がスタートする。地域おこし協力隊として弘前市西部の相馬地区に配属されると、地域のPRのためにウェブ上での情報発信をおこなうほか、地域に慣れるためりんご農家に通い、地域のねぷたまつりにも参加した。農家の手伝いでは、東京にいる時には知りえなかった、りんごができるまでの工程と、そこにかける農家の思いを体験していった。地域に飛び込み、実際に体験していったのには、「クリエイティブな仕事に関わる人間にとって大事なのは、物事の背景を知ることだ」、という考えがあったからだった。下田氏は、地域おこし協力隊員を一年務めた後、フリーの企画&プロデューサーとして独立する。

樋川氏は、2015年に、「劇団RINGOAME」のテーマソング「真っ赤な笑顔」の作詞とMV制作を下田氏に任せていたが、このMVはクオリティーの高さで大きな反響を呼んでいた。下田氏は、広告代理店でマーケティングをやっていた経験に加え、几帳面な性格で、樋川氏の投げかけたアイデアに対し戦略を立て、企画として次々と実現していくようになる。リンゴミュージックに、プロジェクトリーダーが現れたのだ。

下田氏はやがて、リンゴミュージックの「キャプテン」と呼ばれ、無くてはならない存在になっていく。

愛踊祭《あいどるまつり》2015出場
——全国のアイドルと切磋琢磨するために

下田氏がリンゴミュージックに関わるようになった頃、樋川氏のもとに、2015年に始まった愛踊祭（愛踊祭〜あいどるまつり〜国民的アニメソングカバーコンテスト）への出場オファーが来る。これまで、地元の保育所や施設を慰問するなど、地元に目を向けた独自路線できたため、こうしたコンテストには積極的に参加してこなかった。

当時のりんご娘の「王林」と「とき」は、歌やダンスの実力が不足していた上に、卒業した「初代ジョナゴールド」らが引き寄せた地元テレビ局の冠番組も終了し、メディアへの露出が減ったことで、今一つ苦戦していた。

コンテストに出れば、多くの人にりんご娘の存在を知ってもらえるだろう。それ以上に、今の「王林」らに必要なことは、ほかのアイドルがどんなパフォーマンスをしているのかを学び、切磋琢磨する経験なのではないか。

樋川氏はそう考え、「王林」と「とき」に、愛踊祭への出場を勧める。「王林」らも、二人体制となった新しいりんご娘を全国の人にも知ってもらう機会になればと、出場を決める。

東北エリア予選では、高評価を得て順当に勝ち抜き決勝へと進み、全国のアイドル参加総数175組の中、優勝候補の呼び声がかかるも決勝の結果は敗退となる。

全国のアイドルグループの実力を目の当たりにするとともに、優勝へあと一歩及ばなかった悔しさを胸に弘前に戻ったのだった。

米農家の応援のために――ライスボール結成

樋川氏は、この時期、りんご娘、アルプスおとめのほかに、新たに「ライスボール」というグループを結成させる。グループのコンセプトは、「家族の愛を力に変える『おにぎり』」だ。当時、メディアの報道からだけでなく、自動車販売会社の顧客である農家から、米の消費量減少や後継者不足などの苦境を直接耳にしていたことから、農業活性化を掲げるのであれば、りんご農家だけでなく米農家も応援すべきだと思うようになったのだ。樋川氏は、米の栽培に必要な「太陽、土、水」といった要素を伝えるために、2018年からは、メンバーの芸名を、「太陽（ひかり）」、「実土里（みどり）」、「水愛（あくあ）」としている。

ライスボールとなったメンバーは、樋川氏から「米農家の応援のため」という理念を示されるが、あらかじめ決められたグループキャラクターもなく、どうしたらよいのかわからずに戸惑う。試行錯誤するうちに、これまでの歴史があるりんご娘たちと違って、自分たちでゼロから作り上げていく楽しみを感じるようになる。ライスボールは、それぞれの発想を重視し、自分たちでグループキャラクターを創造していった。結果として、りんご娘やアルプスおとめとは違った、「自由さ」が「ライスボールらしさ」になっていく。また、その自由度は、MCでのフリートークのおもしろさにつながり、ライスボールの大きな魅力となっていく。ラジオのレギュラー番組も持ち、高い歌唱力はもちろん、軽妙なトークに対するファンを広げていった。

樋川氏は、ライスボールの楽曲に、りんご娘とはまた違ったニュアンスで、食べ物や平和、感謝の心の大切さなど、自身の思いや哲学を込め、歌でメッセージを伝えるヴォーカルグループとして育成していく。ライスボールも、それらの楽曲を繰り返し歌うことで、樋川氏の思いや哲学を受け止め、表現していった。

りんご農家、高橋《たかはし》哲史《さとし》氏の思いに心揺さぶられて

じつは、2015年頃のリンゴミュージックの経営は、自動車販売会社の事務所をレッスン室として新しく全面改装したこともあり、累積赤字が多額となって

いた。

「いったい自分は、誰のためにリンゴミュージックをやっているのだろう……。負債を増やせない以上、あと一年だめだったらやめるしかないのか」

そう思い悩んでいた時、樋川氏はりんご農家の高橋哲史氏を居酒屋に誘う。

弘前市のりんご農家の長男として生まれ育った高橋氏は、映画が好きだったことから、神奈川県川崎市にある映像専門学校へと進む。東京のテレビ番組制作会社で仕事をしていたが、母親の病気がきっかけで弘前に戻り、りんご農家の跡を継いでいた。

積極的にりんご栽培をしたいというよりも、母親を安心させるために帰ってきた高橋氏だったが、母親は帰る直前に亡くなってしまう。何のために帰ってきたのかわからなくなり、弘前に帰ってから二、三年の間は、東京へ戻りたいと思い続けていた。そんな高橋氏には、なかなか理解できずに心の中でくすぶっていたことがあった。母親が、今亡くなるかもしれないという時まで、りんごの心配をしていた姿だ。

弘前に帰って四年ほど経った時のこと、これまでうまくいかなかった剪定《せんてい》で、うまくいったと手ごたえを感じる木が一本だけできた。その木の生育をいつも気にかけるようになっていたある日、ハッとする。「そうか、日々の管理作業は、単なる作業ではないんだ。成長を見守る大事な仕事なんだ」。そう気づいた瞬間、毎日のようにりんごを案じていた母親の気持ちを理解でき、ガチャリとスイッチが入る。数世代が時間をかけて一本の木を見守ってきたことを感じ、見える世界が変わったのだ。

改めて周りを見回した時に、りんご農家の後継者がいなくなっていることに気づく。そこで、りんご畑を会場にりんご栽培のすばらしさを伝える活動を始め、シードル（りんごの果汁を発酵させて作る醸造酒）を生産販売する、「弘前シードル工房kimori」を立ち上げた。同時に、新規就農を支援する活動も始める。シードルの事業を始める際に、県外の農家から「異業種の人と交流するのも刺激になるよ」とアドバイスされ、弘前商工会議所青年部に入所した。そこで樋川氏と出会い、時々話をする仲になっていたのだ。

樋川氏は、リンゴミュージックの経営が苦しいことを高橋氏に漏らした。

「ここまで十五年やってきたけれど、もうきつくて、やめるしかないかと……」

すると、高橋氏は穏やかな笑みを浮かべながら、こう問いを投げかけた。

「樋川さん。りんごって、一人前になるのに何年かかるか知っていますか？」

「え？」

「りんごの木って、一人前になるのに二十年かかるんですよ。二十年たてばほんとうに根っこがきちっと張って、病害虫にも強くなって、一定量のりんごが毎年ちゃんとなるんですよ」

その瞬間、樋川氏の胸に熱いものがぐっと込み上げていた。

「りんごの木が一人前になるのに二十年……。ああ、そうか！　リンゴミュージックも、りんごの木と同じなんだ。あと数年踏ん張って、やめずに二十周年まで続ければ、花が咲いて実がなって、活躍できるステージに行けるのかもしれない。よし、二十周年に、りんごの木をテーマとした記念ソングを作ろう！」

樋川氏は、二十周年をめざすことを決意する。

FOURs時代の幕開け
——「ジェイ」&「彩香」の加入

愛踊祭2015から一か月後となる2015年10月、樋川氏は、「王林」と「ときめき」の二人組だったりんご娘に、アルプスおとめから新メンバーを加入させることにする。

りんご娘のバックダンサーを決めるオーディションではつねに選出されるなど、実力のある「ジェイ」と「彩香」が加わり、りんご娘は新たに四人体制となる。

「ジェイ」にとってりんご娘への加入は、中学三年生で進路を考えるタイミングでもあったことから、樋川氏は、「農業高校に進学してはどうか」と勧める。地元農業高校からは、毎年、国立大学農学部への推薦入学枠が一名あったため、成績優秀な「ジェイ」ならアイドルをしながらトップをとり続け、国立大学に進学できるという考えもあった。

これに対し、「ジェイ」は「農業高校へ行きます」と即答し、樋川氏をうならせる。りんご娘になるとりんごの良さを伝える販売促進の活動が多くなることから、「りんごができるまでの部分も理解していたほうが、発信する際にしっかりと言葉に出せるにちがいない」と考えていたのだ。メンバーの「とき」がりんご農家の娘であったことから、自分にもりんご娘として説得力のあるものが欲しいという考えもあった。家庭菜園で野菜を育てるなど、小さい頃から土に触れることが好きであり、作物を育てる楽しさと大変さを理解していたことから、農業高校への進学に迷いはなかった。

実際に農業高校に進学すると、授業は座学のほかに実習などの占める割合が多く、勉学の面では余裕があった。授業を休んだ時は、友人たちが授業の内容をサポートしてくれるなど、忙しいイベント活動を助けてくれた。仕事で早退する際も、農業高校の先生たちは、「農業のための活動なのですから、がんばってきてください。いってらっしゃい！」と、農業活性化に取り組むりんご娘の活動を理解し背中を押してくれた。農業高校ではつねにトップの成績を維持し、後に国立大学の農学部へ進むことになる。

「ジェイ」が加入した2015年頃のりんご娘は、すでに地域に定着し、地方のイベントに行くたびに歓迎を受けることができた。いっぽう、新しくメンバーとなったことで、自分自身への認知はまだ広がっていないことを痛感し、寂しさも覚える。そんな時、「王林」と「とき」が先頭を切って、りんご娘としてどうあるべきなのかを、行動で示してくれた。「王林」らの振る舞いを間近で見ながら、「こんなにも青森を愛している人がいるのだ！」と感銘を受ける。それまでは、「青森には遊ぶ所も、素敵な洋服も、何も無い。もっと都会が良い」という気持ちを持っていたが、「王林」らとともに活動していく中で、次第に青森にしかないものに目が向き、青森をどんどん好きになっていった。

愛踊祭2016出場――転機となった優勝

新しくりんご娘に加入した「ジェイ」と「彩香」にとって、先輩として事務所を引っ張っていた「王林」と「とき」は、会うだけで緊張するような絶対的な存在だった。「王林」と「とき」のほうから同じ仲間として歩み寄ってもらい、次第にりんご娘としての活動に馴染んでいった。四人は、「9月の愛踊祭2016で優勝し、全国の人にりんご娘を知ってもらいたい！」という、明確な目標に向かって動き出す。

しかしそこでも、樋川氏が繰り返し伝えたことがある。

「りんご娘というグループは、自分たちが有名になることが目的ではないんだ。りんご娘の背景には青森県の魅力があり、りんご娘が外に出ていけば出ていくほど、背景にある青森県も一緒に出ていく、そこが一番の目的であるんだよ」

予選となる東北エリア予選では、前年に高評価を得て予選をクリアしながら優勝を逃した経験から、りんご娘たちに、あえて、自由曲の選曲から構成までを自分たちで考えさせた。考え抜くことで成長してほしいという願いからだった。妹グループのアルプスおとめに追い上げられ、審査評では、僅差で予選を勝ちぬいたことが告げられると同時に、「良いメンバーを入れた」と励ましも受ける。

そこから樋川氏は、大舞台で最大限の力を発揮させるために、リーダーを変えた。どんな場面でも物怖じしない度胸と、チームを盛り上げようという気魂を持つ「王林」をリーダーに据えてグループを牽引させた。「王林」の気質を知っているほかのメンバーからも、異論はなかった。

りんご娘の四人が一丸となって優勝をめざしていた決勝大会の直前、「王林」が右足くるぶしの靭帯を痛めるアクシデントに見舞われる。ふつうならば踊れるような状態ではなかったが、決勝のステージで「王林」は怪我のそぶりを微塵も見せず、全力で歌とダンスを披露した。

いよいよ審査発表の時、暗転のステージでは、出場アイドルたちが祈るように手を組み、耳を澄ます中、司会者の声が響きわたる。

「参加総数242組。長きにわたって戦ってきた、アイドルたちの頂点はいったい誰なのか……」

一瞬の沈黙の後、優勝グループの名前が発せられた。

「りんご娘！」

その瞬間、「わあっ」という会場のどよめきとともに、眩いばかりのスポットライトの中、「王林」ら四人が飛び上がる。

会場とウェブ投票の支持を集めた、ベストオーディエンス賞を獲得した上での、二重の喜びだった。

涙を流し抱き合う四人は、悲願だった優勝の喜びを噛みしめた。

「今どんな気持ちですか？」

優勝のコメントを求められた時、「王林」は叫んでいた。

「青森に生まれて、良かったです！」

多田慎也氏（愛踊祭審査員）との出会い

「え？　青森に生まれて良かっただって？」

その言葉に驚いたのが、愛踊祭審査員の一人、多田慎也氏だった。

千葉県で生まれ育った多田氏は、幼い頃からピアノを習い、高校生になるとチャゲ&飛鳥やMr.Childrenに憧れ、バンドを組んで歌うようになった。メッセージ性のある曲が好きで、めざしたのは、弱い人や悩んでいる人たちの背中を押すような音楽だった。大学卒業後も、大学時代に始めた塾講師のアルバイトを続けながら、シンガーソングライターの活動を続けていた。

進路指導で将来の夢について生徒と話していた時、「先生は自分の夢をかなえたの？」と問われてハッとする。シンガーソングライターとして生きることが夢だったはずなのにもかかわらず、塾の仕事、そして音楽に対しても、覚悟を持って臨んでいなかったことを痛感させられたのだ。その時、手持ちの貯金が尽きるまで真剣に夢を追いかけてみようと決意する。生徒は高校合格を、自身はオーディション合格をめざし、「一緒にがんばろう」と互いを励ましあった。それからは、音楽会社回りに加え、何百本もサンプルを送るなど、必死に音楽に取り組み続けた。

様々なオーディションに応募する日が続く中、二十九歳になった頃、生涯で忘れられない日が訪れる。留守電に「嵐に決まった」と入っていたのだ。当時人気が鰻上りだったグループの曲に、自分の曲が採用されたと知った時、驚きと喜び、そして、感謝の気持ちが込み上げた。記念すべき一曲目から新たな音楽活動がスタートすると、コンペの知らせが毎日のようにメールで届き、オーディションに参加する日々が続く。「嵐」「Kis-My-Ft2」「ＡＫＢ48」「ももいろクローバーZ」などに次々と曲が採用され、次第に指名での発注も増え、ひたすら曲を書き続ける日々となる。

多田氏は、アイドルへの楽曲提供が多かったこともあり、２０１５年から愛踊祭の審査員を務めるようになる。2015年に出場したりんご娘の「王林」と「とき」は、ともに百七十センチ以上と高身長で、強いインパクトを受けていた。2016年に「王林」「とき」「ジェイ」「彩香」の四人で登場した時は、津軽弁と青森を前面に出したユニークなパフォーマンスに、審査員室でも「りんご娘がおもしろい」と話題になっていた。

多田氏は、審査員評の中で、「りんご娘にはほかのアイドルと違う何かがある」と伝える。これまで、地方アイドルといいながら、そこを足掛かりに自分たちが有名になりたいというアイドルたちをおおぜい見てきた。優勝コメントも、「これからは東京でがんばりたい」というのが当たり前だった。しかし、りんご娘からは、自分たちが有名になることよりも、青森の魅力を知ってほしいという意志を持ってここへやって来たことが、伝わってきた。それこそが、ほんとうの意味での地方アイドルだろうと感じたのだ。

Ringo star——新しい何かが始まる予感！

「全国優勝おめでとう！　よくやったね！」

愛踊祭優勝の知らせを携え帰郷したりんご娘を、青森の人々は喜びとともに迎えた。

全国コンテストでの優勝への賞賛とともに、これまでの地域での活動が改めて評価され、りんご娘の人気は青森県内にいっきに広がっていく。

愛踊祭優勝の副賞は、多田慎也氏が作詞作曲した楽曲『Ringo star』だった。樋川氏と「王林」らりんご娘が、初めて多田氏とじかに会ったのは、東京のスタジオでのレコーディングの場面だった。「王林」らにとっては、多田氏は審査員であり、嵐やももいろクローバーZの曲を作った、雲の上の存在だった。会えるというだけで緊張と興奮が抑えきれない。新しい何かが始まる予感に胸をときめかせると同時に、第一線のプロに、自分たちだけでボイストレーニングをしてきた歌が通じるのかという不安も抱えていた。

「この曲はどんな気持ちで歌いたいの？　もう少し高い声は出せそうかな？」

多田氏は、そんな「王林」らに優しく語り掛け、声の出し方や歌い方を指導していく。じょうずに褒めることで、それぞれの良さを引き出して、レコーディングにうまく持っていく様子を見ているうちに、樋川氏の胸には「多田氏のような人物がリンゴミュージックに来てくれたら、スクール生もかならず伸びるにちがいない！」という気持ちが湧き上がっていた。

樋川氏は、レコーディング後に誘った食事の席で、多田氏がかつて塾の講師をしていたことや、デビューまでに苦労を重ねていたことを知り納得する。

「そうか。だから、人を育てるのがじょうずなんだ！」

有名な作曲家だからではなく、教育者としてリンゴミュージックに迎えたいと思った瞬間、真剣に口にしていた。

「多田さん、弘前は良い所なので、一度遊びに来て移住を考えてみませんか？」

「はッ……？」

弘前のある青森県は、東北の最北部だ。祖母が青森出身だったとはいえ、これまで青森はおろか弘前を訪れたこともなかった。その弘前に、会ってすぐに移住しないかと誘われ、多田氏も一瞬絶句する。

樋川氏は自分の思いを真摯に伝えた。

「りんご娘は、りんご農家をはじめ第一次産業を応援していくのが一番の目的です。そして津軽の言葉を大事にしていく。そのビジョンはけっしてぶれることがないんです」

多田氏は、樋川氏には自分たちが有名になるという野望はなく、本気でりんご農家を応援し、地域活性化をめざそうとしていることを知り、心動かされる。

「わかりました。一度、遊びに行かせてください」と答えていた。

青森の魅力を伝えるMV
――地元の魅力を再発見し、誇りに思ってもらいたい

樋川氏は、『Ringo star』のMV制作を下田氏に任せた。

第一線の作曲家である多田氏からの楽曲提供は、りんご娘にとって大きなチャンスだ。下田氏は、2015年の愛踊祭の決勝会場にも出向き、悔し涙を流す「王林」と「とき」の姿を見ていた。このチャンスでりんご娘を何とか全国に飛躍させてやりたいと、インパクト、りんご娘の魅力、そしてりんご娘が背負っている「青森」、そして「弘前」を表現するために企画を練った。映像には弘前城の追手門や、青森銀行記念館など、弘前の街の風景をふんだんに盛り込み、あえて、車の後部座席からの目線で撮影した映像を使用した。そこには、地元の人に、親が運転する車の後部座席から見た子ども時代の風景を懐かしみ、喜んでほしいという思いがあった。「ローカル系のコンテンツは、都会の人だけでなく、地元の人

にこそ喜んでもらわなければ意味がない」という、自身が大事にしている考えがあったからだ。同時に、「地元の人に弘前の魅力を再発見し、誇りに思ってもらいたい」という願いも込められていた。

シーンの最後は、りんご娘のメンバーたちが、雪を足で踏み固めて模様を作るスノーアートにした。真冬の極寒の中を、かんじき（雪を踏み固めるための装具）を履いて数時間歩き続けて星を形作り、全国への飛躍の意欲を表した。

できあがったMVを見た瞬間、「王林」らは目を見張り、感嘆の声をあげた。

「え、すごーい！　弘前って、こんなに素敵な場所だったんだ！」

地元にいる人間にとっては、当たり前のように目に映っていた風景や特段注目していなかった風景が、下田氏が都会で育んだ美意識や価値観と融合して、新しい輝きを纏って差し出されていたのだ。

樋川氏をはじめ由佳子氏も、下田氏の、外から見たからこそわかる青森の魅力という独特の視点と、何気ない日常に愛おしさを見出す発想の斬新さに驚いていた。

「王林」らは、憧れの多田氏の曲を歌える喜びとともに、副賞のたった一度だけのチャンスに悔いが残らないようにと、精一杯歌い上げていった。

人気作曲家が弘前に移住を決めた理由
——多田慎也氏

愛踊祭優勝による『Ringo star』のプロジェクトはいったん終了したが、樋川氏は、弘前に遊びに来た多田氏に、りんご娘のボイストレーニングを依頼する。資金がないため、旅費は樋川氏のマイレージを使い、謝礼は居酒屋でのご馳走と言うボランティアだったが、多田氏には快く引き受けてもらうことができた。多田氏にとっては、二か月に一度のペースで弘前に行くことが、多忙な生活のリフレッシュと励みになり、その日まで、東京での曲作りをがんばろうと思うようになっていく。

弘前に通うようになった多田氏は、樋川氏から様々な人を紹介された。中でも強く印象に残ったのは、りんご農家の高橋哲史氏だ。津軽地方は雪や雨が多いため、冷涼で乾燥した土地が原産のりんごを栽培するにはけっして適した土地ではなく、先人たちが不屈の努力で産業にしたてあげたと聞いて驚く。物静かな人が多いいっぽうで、何かに勝とうというよりも、「負けない」という精神があることに惚れ込んでいった。さらに、ショックを受けたのは、弘前の人々が、自分にはない「地元への誇り」を持っていることだった。社会人として世の中に出た時も、こうした誇りが、人としての根幹になるのではないかと、考えるようになっていく。

やがて多田氏からは、ボイストレーニングだけでなく、りんご娘の楽曲も提供してもらえることになった。一度きりの楽曲提供ととらえていた「王林」らは、「え？　新曲？　また書いてもらえるの？」と驚く。

多田氏作詞作曲の、十代の若者への応援歌『アメノチヒカリ』は、オリコン週間インディーズシングルランキングの十位にランクインし、りんご娘にとっては初のトップテン入りとなる。MVは下田氏が担当し、弘前市街地のひまわり畑や地元学校の校庭や校舎などをロケ地として制作した。

これまで、地元の作曲家や樋川氏作詞作曲の曲が中心で、なかなか新曲を出せない時期が続いていたりんご娘だったが、多田氏からは、次々と楽曲が届くようになる。多田氏の楽曲は、方言や伝統、歴史、民謡や食べ物などの青森独自の文化が、最先端のアイドルポップと見事にミックスされていて、「王林」らは歌うごとに心を弾ませた。

2018年、多田氏はついに、弘前への移住を決める。

移住を決めた頃は、これからの音楽活動について考え始めていた時期でもあった。これまで、誰かの背中を押す曲作りをめざしてきた多田氏は、作曲家として地域のために役に立ちたいという願いを内に秘めていた。東京ではその願いがかなわなかったのに対し、樋川氏からは、弘前や青森を応援する曲やりんご娘の楽曲の制作をどんどん提案された。

第一次産業や地域の人たちのチアリーダーのように、人を励まし、役に立つ音楽をめざそうという樋川氏の思想に触れる中で、「りんご娘を自分にとってのライフワークにしよう」と決める。「ヒット曲をめざして売れる」ことではなく、「何のためにこの歌詞があるのか」という意義だけは無くさずに、樋川氏とともに弘前での音楽活動を続けたいと考えるようになった。

移住の決め手となったのは、沿道で見ていた弘前の「ねぷた」だった。目の前を、勇壮な武者絵が山車に乗ってゆっくりと進む。そのねぷたを見上げる子どもたちの表情の輝きを見た時、伝統を守り続けてきた長い時間の流れに胸を打たれ、涙があふれたのだ。

その瞬間、「この場所で生きていきたい」と、弘前への移住を決意したのだ。

作曲家としては、レコーディングで現場に行く以外は、遠方にいてもネットで仕事ができる環境であることも移住を後押しした。

第一線で活躍する作曲家の弘前移住は、「なぜ東京を離れて、わざわざ弘前に?」と、周囲を驚かせた。

「王林」らは、多田氏の移住のきっかけの一つに、りんご娘との出会いがあることを知り、うれしさを噛みしめる。と同時に覚悟を決めていく。

「りんご娘に何かやってあげたいという気持ちがなければ、移住まではできない。その意味ではとてもうれしい。でも、多田さんが移住してくれたからには、自分たちも、もっともっと外に発信していかなければ！　いい楽曲を提供してもらっても、狭い範囲でしか聞かれない音楽だったら意味がないのだから」

多田氏との出会いにより、りんご娘がまた大きく飛躍していく。

故郷の青森でこそ輝ける

2017年、「王林」に注目したテレビ局から、秋元康氏プロデュースの企画「ラストアイドル」のオーディションに、ぜひ「王林」を参加させてほしいと、オファーが来る。樋川氏は、りんご娘との両立は無理だろうと、いったんは断った。「王林」

も当時は大学生で学業もあり、東京での活動が増えることには首を横に振る。しかし、再三のオファーに加え、「王林」がファッションモデルという夢をかなえるためには次のステップに行く時期だと考えていた樋川氏は、東京での活動に向けて背中を押す。りんご娘のほかのメンバーたちも、「王林」が東京で活躍するチャンスであると励ました。

「自分が全国に出ていくことで、りんご娘のために何かを学ぶことができ、りんご娘を知ってもらうことで、応援してくれる人が増えるのならば」と、「王林」は、東京での活動をスタートさせる。ラストアイドルのオーディションでは敗退したものの、２０１７年から秋元氏プロデュースのセカンドユニットアイドル「Good Tears」の一員として活動することになった。

「王林」はそこで、これまでとは真逆の世界に出会う。物事の進むスピードは速く、当日にその場で振り付けを覚えなければならないこともあった。ゆったりとしたテンポのリンゴミュージックとは桁違いの、東京のスピード感とプロの厳しさを痛感する。リンゴミュージックではセルフプロデュースが基本であり、自分たちがどんなアイドルになりたいのか、どんなステージパフォーマンスにするかをつねに自分たちで考え、見つけていかなければならなかった。しかし、資金も人力も潤沢な東京では、衣装もステージ楽曲も、すべてが第一線のプロの手によって準備され、自分たちはその場所に行き、決められた歌とダンスをすればよい状態だった。

「まるで自分が商品になってしまったみたい……。このままでは、青森を広めていきたいとやってきた活動から、どんどん離れてしまう」

しだいに「王林」は、そんな苦しさを感じるようになっていく。

スケジュールはどんどん過密になり、青森の大学とりんご娘のどちらかをやめるように、選択を迫られるようになる。

樋川氏は、「王林」の夢をなんとかかなえさせてやりたいと考えていた。苦渋の選択として、りんご娘をやめて東京での活動を選ぶように勧める。

「リンゴミュージックには、大きなプロダクションのような、バックに力を持つ人もいないしお金もないんだよ。このまま東京でアイドルの活動を続けたほうが、確実にメジャーになれる。夢だったファッションモデルにもなれるし、ランウェイだって歩けるんだよ」

しかし、「王林」は、Good Tearsをやめ、りんご娘に戻ることを、樋川氏に伝える。

「りんご娘に戻ります！」

「王林」には、自分たちでやりたいステージを作り上げていくりんご娘が、何倍も輝いて見えていた。そして、りんご娘が、かならず全国に通用するアイドルになると確信していた。そのためにも、東京で学んだステージの作り方、曲調や衣装、そしてプロ意識を、リンゴミュージックのために生かしていきたいとまで考えていた。

「王林」の決意を知り、樋川氏も心を決める。

「よし、そこまで覚悟を決めているなら、『王林』がりんご娘に戻っても夢をかなえられるように、何とかチャンスを与えてやろう！」

これまで、東京での営業はしたことがなかったが、ここで初めて東京へ営業に行き、繋がりのあった方に頭を下げ、人気バラエティー番組「踊る！　さんま御殿!!」のオーディションのチャンスを得る。

「王林」は、弘前にいる時と変わらない素直な天然トークと度胸の良さで大物タレントとわたり合い、番組を盛り上げた。津軽訛りを臆することなく話す姿と言葉の端々ににじむ青森愛は、視聴者に「王林」の背負っている青森県を感じさせ、他に類を見ないタレントであることを強く印象付ける。

それ以降、「王林」は、弘前でりんご娘として活動しながら、東京のバラエティー番組で才能を開花させていくことになる。

Ringo disco
——HIROMI先生（振り付け師）との出会い

愛踊祭2018の会場に行った樋川氏は、審査員である振り付け師のHIRO

MI先生の、歯に衣着《きぬ》せぬ審査評に驚く。どう改善すべきかを細かい所まで伝え、言葉の端々からは、より良くなってほしいという気持ちが伝わってきた。口調は厳しいが、面倒見の良さと人情味にあふれる指導に引き付けられたのだ。りんご娘がそれぞれにキャリアを積み、樋川氏はじめ内部スタッフの指導だけでは、これ以上の成長は難しいことを感じていたところだった。東京の芸能界でのキャリアがあり、メジャーのアイドルをはじめ、様々なグループを見てよく知っているHIROMI先生の指導なら、りんご娘の四人も信頼して受け入れるだろうと確信し、同じ審査員だった多田氏を通して、HIROMI先生に、りんご娘の振り付けを打診する。

HIROMI先生は、試しに一曲ということで、多田氏提供の楽曲『Ringo disco』を振り付けた。実際に振り付けを指導するために、東北新幹線を乗り継ぎ東京から弘前へと向かったのだ。それまでは東北には縁が薄く、仕事で行っても仙台までで、そこから飛んで北海道へ行ってしまうという、ごくありがちなタイプだった。

弘前で初めて樋川氏に会った時、「パワフルで、頼まれた側は思わず首を縦に振ってしまうような、求心力の高い人だな……」と強いインパクトを受ける。由佳子氏に連れられ岩木山神社を訪れると、高層ビルもない長閑な空間にボンとそびえ立つ岩木山の雄大さに、いっきに心を奪われた。

事務所へ行くと、出迎えたりんご娘を前に目を見張った。

「うわあ……、何だろうこの子たち、目がきらきらと輝いている！」

これまでのりんご娘のダンスレッスンは、地元のダンス講師や、先輩が後輩に教える形がメインで、東京の第一線のプロに教わった経験がなかった。自分たちのダンスがこれで良いのだろうかという不安が漠然とあったところに現れたＨＩＲＯＭＩ先生は、多くのアイドルの振り付けを手掛けている人物だ。「何を学べるのだろう、どんな振りを教わるのだろう」と、期待に胸を膨らませているりんご娘の姿に、ＨＩＲＯＭＩ先生は、「この子たちは、東京から来る自分を待っていたのだ」と心打たれる。

りんご娘たちの学ぶ姿は前のめりで、教えたことを素直に吸収してくれる感触に、この子たちは絶対に伸びるにちがいないと胸が踊った。

樋川氏からの依頼で、ステージの演出や、スクール全体のダンス指導にも関わるようになると、リハーサル後に全員でいっせいに掃除をしだすような、学校と塾と部活が一緒になったような雰囲気があるなど、ほかのアイドルたちとは異なる光景に驚くようになる。スクール全体に、東京の文化の速さや最先端の流行への憧れもありながら、あくまでも青森をベースとし、東京の人間になりたいわけではないという姿勢があることにも気がついていった。

樋川氏が、「自分たちのことよりも、地元、青森を第一に優先すべきなんだよ」と繰り返し伝える姿を目の当たりにし、その思いがもっとも成功した形で表れているのが「王林」なのだと納得する。また、りんご娘だけでなく、スクール生全員が素直であることに気づき、人としての素直さが、リンゴミュージックの文化として存在していることに、胸を熱くする。

最初に見たりんご娘のダンスは、正直に言えば、青森県内ではじょうずなほうでも、東京では埋もれてしまうレベルだった。ＨＩＲＯＭＩ先生は、ダンスという仕事上なかなか東京を離れることができないため、年に数度のペースで弘前に行ってレッスンをし、課題はメールで伝え、次回行ったときに確認するという形で関わっていった。

期待以上の仕上がりを見て、努力の跡に感心するごとに、彼女たちの成長を見届けたいという気持ちが強くなっていった。

「りんご娘と一緒に、本気で全国レベルをめざしていこう！」

ＨＩＲＯＭＩ先生は、りんご娘の夢をともに追いかけ始める。

地方でも最高にクールなものが作れる！

りんご娘は、多田氏の楽曲、ＨＩＲＯＭＩ先生のダンス指導と演出、下田氏のＭＶプロデュースを得て、パフォーマンスの力が格段に上がっていった。

多田氏は、樋川氏と大事にしたい理念について話しあいながら、ポップな曲調の音楽と理念、そして青森の文化を融合させた楽曲を、次々と生み出していった。

夜明け前から消費者のために働き出し、食料を生産する第一次産業従事者への敬意を込めた『0と1の世界』では、歌詞の中に、宮沢賢治の詩「雨ニモマケズ」を引用し、農家の後継者問題も織り交ぜた。樹齢百年以上の桜が生き続ける弘前公園の桜に死生観を重ねた『101回目の桜』は、生と死という重厚なテーマを歌い上げ、もはやアイドルソングの域を超えた楽曲となる。『JAWAMEGI NIGHT』では、八百万の神と津軽弁の「じゃわめぐ（血が騒ぐ）」をテーマにした。

MV制作では、下田氏が大胆なアイデアを出し、樋川氏を驚かせる。

『Ringo disco』では、弘前市内の老舗デパートをロケ地とし、かつて地元の誰もが百貨店で心をときめかせた記憶を、りんご娘の輝きに結び付けて映像化した。

『JAWAMEGI NIGHT』では、国の重要文化財でもあり千二百年の歴史を持つ岩木山神社社殿をロケ地に提案する。

樋川氏も、初めてアイデアを聞いた時は、「あの社殿は、元朝参りの時にしか電気がつかないんだよ。しかも神聖な社殿で、アイドルを躍らせるなんてできるんだろうか」と、戸惑いを隠せなかったが、下田氏と一緒に電気工事組合に交渉して社殿に電気を引き、岩木山神社にも許可を取り付け、MV制作を実現させていった。

HIROMI先生は、振り付けやステージの演出で、どう表現したらよいかわからずにもどかしさを抱えていた「王林」らに、見せ方の工夫や具体的なイメージを伝えていくことで、自分たちなりの表現の方法を見つけられるように指導していった。

楽曲、ダンス、パフォーマンスが、どんどんレベルアップしていく手ごたえに、「王林」「とき」「ジェイ」「彩香」の四人は、希望に胸を膨らませていく。

「この四人でなら、何でもできる！」

りんご娘——FOURs

2018年は、りんご娘の飛躍の年となる。

これまでは施設訪問や行事、イベント出演のほか、りんご娘にとっては、年に一度の「POWER LIVE」がライブ活動の中心だった。POWER LIVEは、2004年から毎年一回、リンゴミュージックが弘前市内の会場で開催してきたコンサートで、小規模の会場でのスクール生の発表会といった意味合いが強かった。

2018年からのりんご娘は、多田氏から新曲を提供されるタイミングに合わせて、精力的にライブ活動を展開し、東京でのワンマンライブも成功させる。

全国的に活動の場を広げると同時に、青森県内でも、りんご娘のこれまでの地域活性化の活動が高く評価されるようになる。弘前商工会議所から「弘前観桜会百周年アンバサダー」に、青森空港ビルとのコラボレーションで「青森空港アンバサダー」に任命されるなど、今まで以上に地域のPR活動を期待されるようになっていった。

さらにこの年、りんご娘は、青森県から「平成三十年度青森りんご勲章」を贈られた。1999（平成十一）年度からスタートした青森りんご勲章は、第一回目の受賞者「リンゴの唄」の歌手並木路子氏をはじめ、りんごに関連した各種活動により青森県のイメージアップに貢献してきた功績を讃えるために授与されてきた。贈呈式では、青森県知事から、「これからも先頭に立って世界品質の青森りんごを、国内だけでなく海外にもPRしてほしい」と激励を受ける。これに対し「王林」は、「私たちが活動できているのもりんご農家の方々のおかげ。りんごの街から夢を届けていけるようにがんばりたい」と、感謝と抱負を述べた。

2018年からは、「王林」が、りんご娘のファンを「ファーマー」という愛称で呼ぶようになる。ファーマーとは「farmer（農家）」のことだ。

「青森のおいしいりんごは、農家の愛で育てられています。それと同じように、ファンの皆さんが、私たちりんご娘を、大きな愛で包み育ててくれています。だから、私たちはりんごで、ファンの方たちはファーマーなんです！」

ファンたちも、ファーマーという独特な愛称を喜んで受け入れるようになった。いつしかファーマーたちは、ライブ会場でも礼儀正しく振る舞うことを心がけ、ファーマー同士が互いに交流を広げるという、温かみのある独特のファン文化を作り上げていった。

OGとして、夢を追いながらりんご娘を支える

この頃、大学卒業後に関東に住んでいた元りんご娘の「初代ジョナゴールド」が、弘前へ帰郷する。樋川氏は、「初代ジョナゴールド」の仕事がまだ決まっていないことを知ると、リンゴミュージックの事務所を手伝うように誘う。「初代ジョナゴールド」は、自分を育ててくれたリンゴミュージックに恩返しができればと、

看護学校に通いながら事務の仕事を手伝うことになる。

「王林」らにとっては、敬愛する先輩である「初代ジョナゴールド」が、事務所スタッフとしてサポートしてくれることが大きな励みとなっていく。いっぽうの「初代ジョナゴールド」は、「王林」らが様々なメディアで津軽弁を話し、青森愛を懸命に伝える姿を見ながら、津軽弁や地元愛を発信し続けることがいかに大事なことだったかを実感し、りんご娘の活動の意味を改めて理解するようになる。

2019年1月、東京のライブ会場は満員の大盛況となった。ライブ終了後、「王林」は達成感とともに、会場へこう呼びかけた。

「胸を張って、青森に帰れまーす!」

それはかつて、「さんまのスーパーからくりTV」で、芸能人かえうた王決定戦で新人賞を獲得した際に、「初代ジョナゴールド」が発したのと同じ言葉だった。「王林」はその当時、「初代ジョナゴールド」らりんご娘のバックダンサーとして背中を見つめながら、その思いを胸に刻んでいたのだった。

2019年3月、多田氏が全面的にプロデュースしたアルバム『FOURs』は、青森の「四季」をテーマに制作され、りんご娘四人の絆をテーマにした収録曲『FOURs』とともに、「王林」「とき」「ジェイ」「彩香」らりんご娘四人の愛称にもなっていく。さらに、りんご娘は初となる全国ツアーを、東京・福岡・大阪・青森、さらに初の海外ライブとなる台湾の、全五か所で開催した。青森だけでなく東京でもライブの回数を重ね、「二十周年前年祭」と銘打ち、十九周年記念ライブを精力的に開催していく。

りんごの木——りんご娘デビュー二十周年ソング

満を持して、樋川氏は多田氏との共作で、目標としていたりんご娘デビュー二十周年の記念ソング『りんごの木』を制作する。

歌詞には、小さな願いを抱いて植えたりんごの苗が、多くの人の愛を受けながら約二十年の歳月を経てりんごの木へと成長した姿に、りんご娘の二十年をなぞらえた。楽曲のコンセプトとして、司馬遷の「桃李不言 下自成蹊」を引用する。「桃李もの言わざれども、下自ずから蹊《みち》をなす」とは、「桃や李《すもも》は何も言わないが、美しい花にひかれて人が集まり、その下には自然に道ができる。徳のある者は、饒舌に自分を宣伝しなくても、人はその徳を慕って自然と集まってくる」という意味である。自分たちも、自らを高める努力をしながら真摯に活動を続けていけば、やがて全国や世界から、青森へと人々が集まってくるだろう。そして、自然とそばに人が集まるような立派な人間になってほしいという願いも込められた。

人々に温かく見守られ成長するりんごの木を描いたMVには弘前市民が出演したほか、元りんご娘の「初代ジョナゴールド」も地元の子どもたちとともに出演し、りんご娘二十年の歴史と未来への希望を伝えた。

『りんごの木』をひっさげ、2020年4月から青森・函館・札幌・沖縄・福岡・広島・高松・大阪・名古屋・東京・長野・新潟・いわき・仙台・山形・秋田・盛岡・宇都宮・熊本・弘前の全国二十か所での二十周年記念ツアーも決まった。

「ツアーの千秋楽は、弘前市民会館だ！　さあ、行くぞ！」

りんご娘とスタッフが一丸となり希望に胸を膨らませていた、まさにその時、暗雲が立ち込める。

2020年春。新型コロナウイルス感染症が世界規模で猛威を振るい始めたのだ。

5

りんごの木

——桃李もの言わざれども、下自ずから蹊《みち》をなす

◀りんご畑に出かけた
りんご娘

▶東奥賞贈呈式

コロナ禍……。打ち出した「半農半芸」

2020年4月にコロナ禍による緊急事態宣言が発出されると、全国的にロックダウン状態となり、地方の飲食、観光も大打撃を受ける。コンサート、ライブは軒並み中止となり、芸能の世界も身動きが取れなくなった。

りんご娘の全国ツアーも、当初は延期を考えたものの、結局中止となり、夢は幻となる。

リンゴミュージックの経営を維持するために少しでも収入を得なければと、樋川氏は自社農園でのりんご栽培を考える。農業委員会に足を運び、農園取得の準備を進めた。

いっぽうの芸能活動に関しては、イベントの中止が相次ぐなど先が見えない状況が続き、りんご娘はもちろん、リンゴミュージック内にも、落胆と閉塞感が漂い始める。

「この状況を何とかして打開しなければ……。リンゴミュージックは、いったい何のためにあるのか……」

悩み続けた末に出た結論が「農業」だった。

「今こそ、芸能で第一次産業を応援し、地域活性化という原点に戻る時だ。農業をやる！　アイドルのりんご娘が農業をしながら、ユーチューブ配信をする」と、「半農半芸」を打ち出す。

じつは、樋川氏の胸の内には、この機会に、りんご娘に自分自身を見つめ直してほしいという狙いもあった。コロナ禍直前のりんご娘は勢いに乗り、メンバーもスタッフも多忙を極めていた。スタッフもスケジュールを埋めることだけに目が行き、メンバーたちも自分たちを見失っているように感じていた。コロナ禍で何もできないピンチを、一度立ち止まって考えるチャンスにすれば良いと考えたのだ。

樋川氏は、りんご農家の高橋哲史氏に、ユーチューブ配信でりんご娘に農業を教える先生役を依頼する。高橋氏のりんごの話に強く心を動かされていたと同時に、その穏やかな人柄とわかりやすい語り口が、まさに適任と考えたからだった。

高橋氏のわかりやすい語り口には理由があった。弘前にUターンする前に、東京の番組制作会社で小学校高学年向けの社会科の番組を作る仕事をしていた際、パレスチナ問題のような難しいテーマを、小学生が短時間で理解できるように説明しなければならなかったことで、鍛えられたものだった。

出演依頼を受けたものの、高橋氏自身はアイドルに関心がなく、りんご娘もよく知らなかった。ふつうの女の子たちと一緒に農作業をするというスタンスでなら と、ボランティアでのユーチューブ出演を引き受ける。

いっぽう、りんご娘からは、「半農半芸」に対し強い抗議があった。これまで、農作業の手伝いはしてきたが、あくまで芸能活動があっての農作業であり、活動の中心が農業だけになることは受け入れがたいという反発だった。

「いつコロナ禍が収まるかわからない今は、農業をしながらライブのチャンスを待とう。東京のアイドルや芸能人にはできない、田舎にいるあなたたちだからこそ、できる仕事なんだよ」

樋川氏はそう説得し、2020年7月から、リンゴミュージック自社製作のウェブ番組「RINGOMUSUMEの産地直送　日本最高!!」の配信をスタートさせる。

ユーチューブ配信——神回《かみかい》が感動を呼ぶ

「王林」らは、高橋氏とともに、りんごの栽培に関わることになった。摘果《てきか》（実すぐりのこと。良く育ちそうな実だけを残す）、袋掛け、葉取り（葉をとって紫外線を当て、りんごの色付けをする）、収穫、選果（良い実を選ぶ）、雪の中での剪定（成長を促すために枝の不要部分を伐る）作業など、一連の農作業に取り組んでいった。

実際にりんご娘に接するようになった高橋氏は、まだ若いにもかかわらず、地域をどうやって盛り上げていくのかを真剣に考えていることに驚くとともに、自分の若い頃は果たしてどうだったのだろうかと省みずにはいられなかった。また、これまで畑を訪れた人たちにりんごの話をしてきたが、どんな感想を持って帰ったかまではわからなかったのに対し、ユーチューブに寄せられたコメントから直接感想を知ることができ、手ごたえを感じるようになっていった。

ユーチューブ配信の中でも、視聴者から大きな感動を呼び、後に「神回」と呼ばれた2020年8月の配信があった。

その日の作業は、りんごの実への袋掛けから始まった。

「袋を掛けないと、実がこのまま赤くなり、どんどん熟していくんですよ。袋を掛けて育てると、袋を外したタイミングで日の光を浴びていっきに色づき、熟しすぎないまま収穫できるので、貯蔵性が高まるんです」

高橋氏の説明を聞きながら、りんご娘の四人は膨大な数のりんごに一つずつ袋を掛けていく。袋掛けの意味は理解できても、単純作業の繰り返しで次第にうんざりした表情を見せ始める。すると、高橋氏はりんごの枝を手に、穏やかな口調で話し始めた。

「ここにりんごの枝があります。枝が伸びる時に栄養を取られてしまうため、十五センチぐらいの適度な長さで枝の伸びが止まってできたりんごは、来年おいしい実になるんですよ。どういう剪定をしたかで、りんごの味が決まってくるんです」

「えー?」

「その木に合った剪定というのは、人と同じなんですよ。クラスの中でも個性が違うと、叱り方も違いますよね。同じ叱り方をして、よくなるはずがないんです。でもそれは、長く見ていかないとわかんないんですよ。この木にはどういう剪定をしたらいいかというのは、長く付き合っているとだんだんわかってくるんです」

高橋氏の話を聞きながら、単調でつまらなく思えていた一つ一つの作業が、りんごの木や枝や実との会話であることに気づき、四人の表情が見る見る変わっていく。

「すごい。でもこういうのって、勉強だけじゃないと思う。机の上だけでは勉強できないことが、このりんご畑に山ほどあるってことだよね……」

「そう。いかにその木と向き合っていくか。この木は今、何を言おうとしているんだろう。それをじっと考えるんですよ。かならず答えは出るんです。伸びすぎているとか。ちょっと元気がないとか、かならず答えはあるはずなんで」

じっと耳を傾けていた「王林」の目から、突然涙があふれだす。

「なんか泣けてくる。いいね。こういう人が近くにいてくれるって、いいよね。幸せだな……、この木たち。そういう人が近くにいてくれるだけでがんばれるもんね……」

「王林」にとっては、コロナ禍で、コンサートやライブができずに不安な状況で、自分たちもいつしか内向きになり、メンバー同士も向き合えていないことに悩んでいた時期でもあった。

高橋氏はそんな「王林」らに、優しく微笑みながら語りかける。

「これ、四十年、五十年の木だとするじゃないですか。植えたのは自分じゃないんです。前の前の何十年か前の、誰かが植えてきた。その人も同じことをやってきたんですよ。それをまさにバトンを受け継いで、今やっているっていう。だから一世代で作れる話じゃないんですよ。何世代も重ねて、ようやくその木が完成していく。一個のりんごの前に何人も、何世代もの人が関わっている。今年ポッとできたんじゃないんですよ」

高橋氏の話から、目の前のりんごの木が、何世代もの手によって育てられてきたことを理解した瞬間、四人の頭の中にりんご娘デビュー二十周年記念ソング『りんごの木』の歌が流れていた。多くの人たちの助けを受けながら、何人ものりんご娘のバトンを受け継いできた歴史、そして、支えられてきたことへの感謝と未来へ続く祈りを込めた、『りんごの木』の歌詞の本質に気づいたのだ。

2020年8月のこの配信は、視聴者の感動を呼び起こすとともに、コロナ禍での半農半芸は、「王林」らにとっても、りんご娘の意義を改めて見つめ直す機会となる。

また、一年をかけてアイドルがりんご栽培の作業に取り組む配信には、りんご農家からも「農業に光を当ててくれてうれしい」と喜びの声が寄せられた。

コロナ禍でもできること――青森を元気に！

「半農半芸」で農作業に取り組むいっぽうで、樋川氏は今できる芸能活動をやっていこうと、新曲のリリースとMV制作にも乗り出す。

りんご娘は、「青森の縄文遺跡群」への興味・関心を高め遺跡への来訪を促進しようという青森県の事業で、青森縄文遺跡群イメージソング『JOMON』を歌うことになる。ここでも、MVを担当する下田氏が、縄文遺跡として有名な三内《さんない》丸山遺跡《まるやまいせき》をロケ地にし、そこに焚火やかがり火を配してダンスパフォーマンスを撮影するという、大胆なアイデアで樋川氏を驚かせる。暗闇に揺らめく炎の光に浮かび上がる三内丸山遺跡は縄文時代を彷彿とさせ、りんご娘のパフォーマンスとともに、2021年の世界遺産認定（北海道・北東北の縄文遺跡群）を後押しすることになる。

さらに、下田氏は樋川氏に「リンゴミュージック原点の曲をリアレンジしませんか？」と、提案した。

原点の曲とは、弘前アクターズスクールプロジェクトを立ち上げた時にリリースした『LOVE & SOLDIER』だ。曲調をさらに現代ポップ風にアレンジし、MV制作にあたり、下田氏から、「ロケ地を土手町にし、コロナ禍で中止になってしまった弘前ねぷたの山車も繰り出したい」とアイデアが出された。撮影をするには、土手町一帯に交通規制をかけ、いわゆる土手町封鎖をしなければならない。

警察署をはじめ関係者からは、「ソーシャルディスタンスと言われているのに、りんご娘がロケをしたら、人が集まって密になるにきまってるべ！　あんたたち、いったい何を考えているんだ！」とあきれられたが、樋川氏は下田氏と一緒にひたすら頭を下げに回り、何とか撮影の許可を得る。

いっぽうで、「りんご娘さんのためならいいですよ」と協力を得られることも多く、コロナ禍で弘前ねぷたが中止になっていたにもかかわらず、ねぷたの山車を貸し出してもらうことができた。さらに、地元の人たちもMVに快く出演してくれた。ねぷたの山車を繰り出したMVは、祭りが中止となり寂しさを抱えていた地元市民を喜ばせることになった。活気のあった頃の土手町を再現したMVは、レトロとポップが融合した映像で、再生回数も八十万回を超え大きな反響を得ることとなる。

樋川氏は、関係者の間を回りながら、りんご娘がこれまで地域のために活動してきたことへの信頼を、奇しくも実感することとなった。

同時に、この時期のりんご娘の活動が、コロナ禍の鬱屈とした空気の中で苦しむ弘前、そして青森の人々を、励ますことにもなったのだ。

東奥賞受賞《とうおうしょう》
——文化、芸術、産業など各分野で傑出した団体として

2020年12月、りんご娘は、青森県の新聞社である東奥日報社が、文化、芸

術、産業など各分野で傑出した個人・団体を顕彰する「第七十三回東奥賞」を受賞する。

東奥日報社は、2000年のりんご娘結成当初からその活動に注目し、施設の慰問やライブの様子を記事にして何度も取り上げてきた。また、りんご娘の活動の歴史を連載記事とし、特集も組むなど、県民にその活動を伝えることで、りんご娘を応援してきた。

東奥賞贈呈式には、多田氏も来賓として出席した。

「2016年の愛踊祭で、りんご娘は、並み居るアイドルたちの中でもひときわ異彩を放っていました。その時は、なぜそのパフォーマンスができるのかはわかりませんでしたが、2018年に弘前に移住し、りんご娘に接する中で、あの時感じた輝きの正体とは、青森県を思う気持ちそのものだと胸が熱くなりました。また、そのりんご娘を育むリンゴミュージックも、まるで学び舎のような場所で、歌やダンスよりも人間としての基本を教えている場所でした。まっすぐなパフォーマンスの根底には、そうしたリンゴミュージックの魂があることを知ったのです」と祝辞を述べた。

多田氏は、祝辞の最後に、二十周年記念ソングとして『りんごの木』を制作したことに触れた。今まさに、物言わぬりんごの木の足元に一本の道ができ、足跡がどんどん増えている時期であるように感じていることを述べ、日本中からも世界中からも人々が集まり、その道がより太いものになることを願うと締めくくった。

その日、りんご娘を代表して、「王林」と「ジェイ」が受賞の挨拶に立った。

「2000年に樋川社長が青森県活性化の思いで立ち上げた時から、メンバーの入れ替わりはあっても、りんご娘として青森県を応援したいという気持ちは変わりなく、たすきをつないできました」と、これまでの活動について触れ、ボランティアとして支えてきてくれたスタッフ、応援してくれた人たちへの感謝を述べた。最後に樋川氏が、百年先までりんご娘を続けようとめざしていることを紹介し、青森県のためにがんばり続けるグループでありたいと結んだ。

東奥日報紙面には、イベントや映画にりんご娘が出演する機会を作って応援を続けてきた、弘前観光コンベンション協会の白戸大吾氏が、お祝いの言葉を寄稿した。

FOURs卒業
――それぞれの夢に向かって

2021年に入っても、コロナの感染者が増加と減少を繰り返す状態は続く。

その間も、異色タレントとして注目を集めるようになった「王林」は、「青森県のために、そして一人でも多くの人たちにりんご娘を知ってもらうために！」の思いを胸に、東京の芸能界で孤軍奮闘を続けていた。

7月には、「王林」に全国放送の民放テレビ番組「アナザースカイ」出演の機会が訪れ、「王林」の青森と伝統に対する思いが取り上げられた。じつは、「王林」の祖父は伝統的な漆器である「津軽塗」の職人であったが、跡を継ぐ弟子が無く、

「王林」が中学生の頃に廃業していた。ふだんの生活の中で津軽塗の箸やお椀に親しんで育ってきたものの、無くなってしまって初めてその価値に気づいた「王林」は、改めて周りを見回した時に、青森の様々な伝統が姿を消しつつあることに愕然とする。そこで、大学の卒業論文は津軽塗を中心とした伝統工芸品の海外販路拡大をテーマとしたことが紹介された。番組では、樋川氏と由佳子氏のインタビューのほか、「初代ジョナゴールド」と「王林」の対談を交えながら、りんご娘のこれまでの歩みが紹介され、りんご娘が青森への熱い思いを持ち続けながら活動してきたアイドルであることが、全国に伝わる機会となった。

しかし、コロナ禍の先の見えない状況は続き、二十周年記念コンサートは、2021年9月に「RINGOMUSUME 20th+1 ANNIVERSARY LIVE ～りんごの木～」として、やむなくオンライン配信での開催となった。ライブ活動がほとんどできない上に、りんご娘の活動が半農半芸どころか農業の配信がメインのような状況になってしまったことで、メンバー内からりんご娘卒業の意志が表明される。リーダーである「王林」は思い悩んだ末、「この四人が全員揃ってこその、りんご娘FOURs。誰一人欠けてもFOURsではない」と、2022年3月に全員一緒に卒業することを決めた。

勢いに乗り、全国からその活動に注目が集まっていた時の卒業だけに、周囲からは落胆の声が相次ぎ、ショックを受けたファンも多かった。ともに夢を追いかけ励ましてきた下田氏、多田氏、HIROMI先生、そして、長い時間をかけてりんご娘を育て上げてきた樋川氏と由佳子氏も、「コロナさえなければ……」と惜しむ気持ちを抑えることはできなかった。同様に、りんご娘を支えてきたスタッフたちも、混乱する気持ちを抱えていた。

しかし、樋川氏は四人の意志を受け入れ、ホームページにメッセージを出した。

「とき」「王林」「ジョナゴールド」「彩香」グループ卒業のお知らせ

いつもRINGOMUSUME（りんご娘）を応援いただき、誠にありがとうございます。この度、メンバーのとき・王林・ジョナゴールド・彩香が、2022年3月末日をもちまして、グループを卒業することになりましたことをご報告いたします。

これまで彼女たちを長きにわたり、支えて頂きました、ファンの皆様、関係各社の皆様・ご家族の皆様には、あらためまして心より感謝を申し上げます。

メンバーの皆さんにも、この場を借りまして、幼少期から青年期までの大切な時間を青森県や第一次産業の活性化という目的のために、共に同志として活動をしてくださり、貴重な命（時間）を費やしてくれましたことにも、心から感謝を申し上げます。

私は、りんご娘というグループは、各個人の夢実現への踏み台と考えております。これからが人生の本番であり、大きな舞台です。「夢の叶え方＝愛されるコツ」を彼女たちは、このスクールで習得していると思います。これからも彼女たちが、自分の大好きなことで、誰かの役に立つ仕事ができることを願っております。

また２０２２年４月１日より、新生りんご娘のメンバーとして、現アルプスおとめの４人が、先輩たちより襷を受けることになりましたことも、ご報告いたします。

これからも地域のために１００年続くグループを目指して行きますので、今後とも変わらぬご指導ご支援を頂けますことをお願い申し上げます。

２０２２年2月9日（水）」

樋川氏は、時間を「命」と呼んだ。青春の貴重な命をりんご娘として費やしてくれたことへの感謝。社会に出た時にここでの経験を生かしてがんばってほしいという願い。そしてりんご娘を百年続くグループにするという決意を込め、メンバーたちを送り出すことを決める。

２０２２年3月にリアルとオンライン配信でおこなわれたRINGOMUSUME ONE-MAN LIVE 2022 “FOURs” が、四人の卒業ライブとなった。

「とき」と「彩香」はモデルや女優としての活動の場を求めて新天地へ赴き、「ジェイ」はリンゴミュージック所属アーティストとして青森での音楽活動を選ぶ。「王林」は、ファッションモデルという自身の夢をかなえるために東京の事務所に所属しつつ、青森県のために活動するために、業務提携という形でリンゴミュージックに籍を残した。さらに、「王林」と「ジェイ」は、りんご娘時代の芸名をそのまま引き継ぐことを決める。

そして、妹ユニットのアルプスおとめの四人が、りんご娘の新メンバーとして昇格した。

それぞれが夢に向かって、新たなスタートを切ることになった。

6

それぞれの夢に向かって

——未来へ

◀手前左から、はつ恋ぐりん、ピンクレディ、金星（三代目）、スターキングデリシャスの新生りんご娘

▶POWER LIVE 2022

新生りんご娘始動！
――りんご娘が地域に浸透し始めた頃に生まれた世代

2022年4月、新メンバー四人が、新しいりんご娘として一歩を踏み出す。樋川氏は、新メンバーの芸名に、世界への発信を視野に入れた英語名の品種を加え、「ピンクレディ」「スターキングデリシャス」「はつ恋ぐりん」「金星（三代目）」と名付けた。

新メンバー四人は、りんご娘が地域に浸透し始めた頃に生まれた世代だ。憧れのアイドルはモーニング娘。から、ももいろクローバーZに変わり、「りんご娘のライブを見て、青森でアイドルをしている人がいるなら自分もやってみたいと思うようになった」「母親がりんご娘のファンであり、一緒にライブに行くうちに、自分もいつかりんご娘になりたいと夢みてきた」というように、りんご娘への憧れも入所動機になっている。

弘前アクターズスクールに入ったことを友人に打ち明けると、「青森県のためにがんばってくれるなら応援したい」と励まされたメンバーもいた。各地のイベントでは行く場所ごとに、「青森のためにがんばってくれてありがとう！」「お世話になっています！」と声を掛けられるなど、二十年以上の時間をかけて、りんご娘が地域に浸透してきたことを実感できる世代でもある。

りんご娘の新メンバーにとって、前メンバーFOURsの存在はあまりに大きく、「りんご娘になってほしい」と樋川氏から告げられた時、「前メンバーのファンが離れてしまうのではないか。前メンバーと同じような、アーティスト寄りのパフォーマンスをしなければならないのだろうか」と、プレッシャーがずしりとのしかかる。さらに、青森県を発信する責任の重いりんご娘として一歩踏み出すには、相当の覚悟と勇気が必要だった。

樋川氏はそんな新メンバーを、「前のりんご娘と比べなくていい。四人で意見を出し合って、自分たちなりの歩みで前に進めばいいんだよ」と励ました。ラブソングを歌いたいという新メンバーからの希望にこたえる形で、『りんごに恋したマメコバチ』が新生りんご娘としての初めての曲となった。りんごに恋をしてしまったマメコバチ（りんごの受粉を手伝う蜂）のかなわぬ恋と、どれだけ生まれ変わってもりんごを愛し続けるマメコバチの思いを歌った。

リンゴミュージックからは、これまでも、タレントたちにキャラクターを押し付けることはなく、自分の長所短所を知るところから始まるセルフプロデュースが基本だった。新メンバーは、懸命に自分たちのスタイルを模索し始める中で、大きな夢を掲げることを決め、樋川氏に「2025年8月に、はるか夢球場（弘前市運動公園野球場）で一万人ライブをしたいです」と告げる。

はるか夢球場はプロ野球の試合がおこなわれるなど、約一万五千人の収容が可能な施設だ。新メンバーの四人は、まだ何の実績もない段階でもあり、「一万人ライブなど無謀だ」と、樋川氏にあきれられるのではないかという不安を抱いていた。しかし、樋川氏は、「絶対やってやろう！」と即答する。それからすぐに営業に出向き、はるか夢球場の建設を手掛けた会社のCMにりんご娘を起用してもらう。その瞬間、四人にとって「めざす」だけだった夢に、「かなえる」という現実味が湧いてくる。一緒に夢をかなえようとする、樋川氏の本気を感じることができたのだ。

樋川氏はスクール生たちに、「夢をかなえるためにどう行動すべきなのかを考え、紙に書き出しなさい」と指導してきた。そこで四人は、第一にとるべき行動として、「地元、青森県の人たちに、新しいりんご娘を知ってもらおう！」と考える。そのために、2022年4月から、「四十市町村お役立ち企画」として県内四十市町村をくまなく回り、それぞれの地域の役に立てることを自ら探しだし、リンゴミュージック自社制作のウェブ番組を新たに「産地直送　日本最高!!」として発信する活動を始めた。四十市町村を回る活動には樋川氏もかならず同行し、ともに夢に向かって進む姿勢を示した。

地域と農家の思いを受け取りながら
――りんご娘の意義を知っていく

これまでのりんご娘同様に、新メンバーもりんご娘になってからは、県内外を問わず訪れる機会が格段に多くなり、地域の人との会話や触れ合いから、「人」を通して地域の良さを知っていった。地域の人たちの温かさに育てられながら、青森のために役立ちたいという思いが、どんどん強くなっていく。

前メンバーFOURsから引き継いだりんごの農作業をウェブ番組内で配信するほか、リンゴミュージック所有のりんご園でりんご栽培にも取り組み、ネットや事務所前の無人販売所で、収穫したりんごを販売した。りんご栽培が大変な作業であることを実際に体験し、自分たちが作ったりんごに「おいしかった」と言ってもらえる喜びを知りながら、農家の思いを理解していく。事務所前の無人販売所で一般の人がりんごを購入してくれる様子を見ながら、アイドルの物品販売とは異なる意義を見出すようになっていった。

りんご娘のファンの呼び名は、「王林」が「ファーマー（農家）」というニックネームで呼びだしてから定着しているが、ファンの中には実際のりんご農家も多く存在し、「リアルファーマー」と呼ばれている。そうしたりんご農家から、「りんご娘のような存在は、作る人、生産者にとっての命だから。がんばって！」と声を掛けられるたびに、りんご農家のために発信していく意味を、強く意識するようになっていく。

「王林」――青森に軸足を置きながら、さらに活動の幅を広げる

いっぽう、2022年3月にりんご娘を卒業した「王林」は、全力でりんご娘に打ち込んできただけに、しばらくは喪失感を抱え、目的を失いかけていた。そ

んな時、再び走り出す原動力となったのは、やはり「青森県を発信したい」という気持ちだった。目的を取り戻した後の「王林」は、売れっ子として活躍の場を広げながら、折に触れ、自身の青森愛がりんご娘の活動によって育まれてきたこと、そして、りんご娘の第一の目標は、第一次産業（農業）と地域の活性化であることをメディアで発信していった。「テレビで青森の訛りを聞けるとは思わなかった」「『王林』のおかげで青森が番組に取りあげられていてうれしい」といった感想を受け取るたびに、自分がテレビに出て青森県を発信する意義を実感する場面も多くなっていく。

青森に軸足を置く姿勢は変わらず、オファーが続く東京の仕事とのバランスを取りながら、片道三時間半をかけて東京と青森を行き来し、青森県内でのイベント出演も積極的にこなしていった。その上で、多忙な仕事の合間を縫って青森県の各市町村を訪れては、自身のＳＮＳに写真をアップし、県外だけでなく県内の人たちにもぜひ訪れてほしい場所など、それぞれの地域の魅力を伝える活動を続けていった。

りんご娘卒業後は、東京で過ごす時間が増えたことで、青森の魅力をこれまで以上に感じるようになっていく。同時に、地元の人が自分たちの価値に気づいていないのではないかという問題点も、より見えるようになる。「王林」は、都会には最先端のものが集まるすばらしさがあるいっぽうで、青森など地方には昔から守ってきた伝統があり、その伝統も簡単に作り出せるものではないことを感じてきた。地方が東京の真似をするのではなく、昔からあるものを守るべきなのではないかと、「伝統」により着目するようになっていく。

そこで、地元の津軽塗職人とともに、津軽塗の魅力を若い世代にも響く形で伝えたいと、自身がデザインした津軽塗のアクセサリー開発を始めるようになった。津軽塗職人も、「王林」の熱意溢れる提案に「おもしろい、やってみよう」と、意欲を持って取り組み始めるなど、地域での変化も起き始めていった。

7号線
――青森発信の音楽をめざす「ジョナゴールド（ジェイ）」

「王林」とともに、2022年3月にりんご娘を卒業した「ジェイ」は、2022年5月、リンゴミュージック所属アーティスト「ジョナゴールド」として、ソロとしてのデビュー曲『7号線』をリリースする。これまでのアイドル調とは違った、多田氏提供のシティポップ調の楽曲で、新潟から日本海側を北上し、津軽地方を走って青森市を終点とする国道7号線をタイトルに、恋人との別れに揺れ動く心を歌った。活動スタイルも、ライブハウスでのパフォーマンスを重ねていくなど、りんご娘時代とは異なる路線を進むこととなる。

りんご娘時代の「ジェイ」にとって、ライブは小さい子から高齢者まで、さまざまな年代のファンが集まる場だった。熱烈なファンであっても、大人は子どもに前の席を譲るのが当たり前であり、最前列はつねに子どもでいっぱいになっていた。りんご娘の踊りに合わせて子どもたちが踊り、最後にはりんご娘と一緒に写真を撮りに集まり、その姿を家族が微笑ましく見守っている。「ジェイ」は、ステージから、そんな光景をずっと見つめ続けてきた。小さな子どもたちが、いつかあのステージに立って、あの人と一緒に歌うのだという気持ちになってくれる。先輩が大きな舞台に立つことが、後輩のやる気にもつながり、がんばればいつかそこに行けるのだという気持ちになる。県外のファンはライブのために青森に足を運び、青森を楽しみ、時には青森の人と思い出を作りながら帰ってもらえる。「ジェイ」にとって、そうした一つ一つのことが、自分がりんご娘である意味になっていた。

そんな「ジェイ」の才能を認め、青森でソロとして活動するように勧めたのは下田氏だった。多田氏も、自動車産業が盛んなデトロイト発祥の音楽がそのままインディーズレコードレーベルの名称「モータウン」になり、その独特な音楽がモータウンミュージックとしてやがてアメリカ全土に広がったように、弘前発祥の独自の音楽を作る夢を抱いていた。「ジェイ」は、下田氏のプロデュース、多田氏の楽曲提供で、都心と比べればまだエンタメが乏しい弘前や青森から、地域発の音楽を盛り上げていく夢を抱くようになる。りんご娘時代からソロ活動の準備を進めていたが、卒業のタイミングでのソロデビューとなった。

りんご娘時代とは曲調もライブのスタイルも大きく変わったが、「ジェイ」が目標とするのは、CDを何枚売るか、何人の会場でライブができるかではない。自分のやりたい音楽をやっていった先にある、「青森を元気にするための音楽」だ。

「若い人のためにというと、都会のブランド服を導入したり、遊ぶ場所などの箱物を作ったりということを考えがちかもしれない。でも、それらは、いずれなくなってしまうものだ。音楽ならば、青森から発信することで曲を聴くために人が青森を訪れ、観光の目的が音楽になるようなサイクルを作ることもできる。青森にいるだけで幸せだと感じることができる空間を作りたい。青森にいる人たちにも、県外に向けて『ここにはいい音楽があるから青森においで』と言ってもらえるようになりたい!」

「ジェイ」は２０２２年5月のデビュー以来、約二か月に一度のペースで次々と新曲をリリースし、県内外でのライブ活動を地道に重ねながら、弘前、そして青森発の音楽の夢を追いかけ始めていった。

POWER LIVE 2022——UPDATES!

２０２２年12月、コロナ禍で二年ぶりに有観客となった「POWER LIVE 2022」のサブタイトルは、「新しく更新するという意味を込めよう」という、スタッフからのアイデアで「UPDATES!」となった。ステージ演出を担当したＨＩＲＯＭＩ先生は、りんご娘が新メンバーになった大事なタイミングであることを強く認識していた。これまで、りんご娘はメンバーを入れ替えながら続いてきたが、全員が新しく入れ替わるのは初めてのことだった。以前のメンバーFOURsのファンがおおぜいいる中で、新メンバーへの反発やシビアな見方が予想されたからだ。
これまでのPOWER LIVEは、りんご娘が主体となって後輩を引っ張っていくのが恒例だった。新メンバーたちはりんご娘となってまだ八か月ということもあり、遠慮と不安からなかなか前に出られずにいた。「王林」と「ジェイ」は、「あなたたちがみんなを引っ張っていかないと、後輩たちが育っていかないよ！」と、背中を押す。新メンバーはその言葉でスイッチが入り、積極的にパフォーマンスの提案ができるようになった。
POWER LIVE 2022 当日、会場となった弘前市民会館大ホールには、子どもから高齢者、地元から県外まで、幅広いファンが集まり満員となる。オープニングは、新生りんご娘に「王林」と「ジェイ」を加えた、「新旧りんご娘」のパフォーマンスで、UPDATES、すなわち更新の意味を強烈に印象付ける。
新メンバーがりんご娘のナンバーを次々と披露し、ソロとなった「ジェイ」は、アイドル時代とは別のソロシンガーとしての新しい曲調とスタイルで歌う。ライスボール、アルプスおとめ、そして練習生（リーフ）が、それぞれに成長した姿を披露し、「王林」が歌とトークで後輩たちを盛り上げていく。

「王林」と「ジェイ」は、同じステージ上でともにパフォーマンスを繰り広げながら、新メンバーがしっかりとりんご娘を受け継いでくれたことを、ひしひしと感じていた。そして、これからもスクールの後輩たちを応援し、見守っていく決意を新たにする。ライブが終わった時、「王林」と「ジェイ」はりんご娘の新メンバーに対し、「自分たちなりのグループにしてほしい！」と心からのエールを送った。

「りんご娘、そしてリンゴミュージックは、これからも成長と更新を続けながら、地元を元気にしていく！」

観客はそのメッセージを受け取り、感動の涙を流したのだった。

舞台の袖からその様子を見つめながら、多田氏、下田氏、ＨＩＲＯＭＩ先生は、自分たちが弘前へ来た意味を噛みしめていた。

「王林」
——地方を元気にするのは私たち、そして今！

2022年にソロタレントとしていっきに飛躍した「王林」は、2023年に入ってからも、タレント、女優、バラエティー、CM、子ども番組出演など、メディアで見ない日はないほどの活躍ぶりを見せる。

そんな中、2023年4月に「わいは（What Is Heart）」という、ファッションブランドを立ち上げた。「わいは」とは津軽弁で、驚いた時に使う言葉だ。青森の伝統を若者の心に響く商品にして届けたいと、服には、津軽塗職人だった祖父がデザインした津軽塗漆器の柄や、伝統工芸の「こぎん刺し」をイメージした柄、また、弘前ねぷた絵師の絵を撮影した写真など、青森の伝統文化をふんだんに織り込んでいる。自分と同じ世代の若い人たちの中から、こぎん刺しや津軽塗などに興味を持ってもらうことで、技術の継承に挑戦してみようとする人が増えてほしいという願いも込めた。

「王林」は、伝統文化と同じように、第一次産業に対しても強い危機感を抱いていた。「青森といえばりんご」であっても、後継者不足により、りんご栽培をやめる農家は現実に増えている。収穫時になると近隣のりんご農家からおすそ分けのりんごが集まってきたような、かつての心温まる光景も姿を消しつつある。青森県では、りんご栽培を維持していくために、新規参入のハードルを下げようと、高密植栽培の普及が進められてきた。木と木の間隔を狭めた密植にすることで早期から高収量を見込め、剪定技術を必要とせず誰でも簡単にりんごを栽培できる方法だ。「王林」はその必要性を理解し、りんご栽培に挑戦しようという人が増えることを願って、青森のりんご栽培の現状について発信してきた。

そのいっぽうで、これまで受け継いできた剪定技術で育てたりんごの価値も、多くの人に伝えていきたいと思うようになる。そのためにも、農家や第一次産業に関わる人たちに直接会いに行き、どんな思いで従事しているのか、これからどうしていきたいのかを聞いていきたいと考えるようになった。

青森について発信を続ける「王林」のもとには、青森県内の高校生や大学生から、「青森のためになることをしたいが、どうしたらよいかわからない」と、悩みが寄せられるようになった。「王林」は、こうした悩みに対して、機会があるごとにメッセージを発信した。

「今はSNSで発信するなど、自分のやりたいと思うことをすぐやれる時代。これをしないといけないとか、ここに就職しないとこれができないという時代ではなくなって来ていて、思いのある人が言い出したら、同じ思いの人たちと力を合わせてできる環境が整っているはず。恥ずかしがらずに、もっとどんどん口に出して、『こういうのをやりたいんです』と言ってほしい。『王林』がバラエティーで『青森！　青森！』って言っているように、田舎出身ということに自信をもってくれる若者たちがどんどん増えて、パワーを形にしてほしい。そして、地域への思いがあるなら、今すぐにでも行動してほしい！」

「王林」は、テレビ番組やインタビューで、「最終的な夢は青森県知事になること」と発言してきた。バラエティータレントの冗談と捉える向きもあるが、その発言の根底には、「青森県のために役に立ちたい。自分というものを作ってくれた青森県に恩返しをしたい」という本気と情熱がある。

「当たり前すぎて、皆がいつまでもあるものだと思っている伝統や文化も、無くなってからでは遅いから。その課題を解決できるのは、今！」

「王林」は、その思いを胸に、青森の発信を続けていこうとしている。

桜ダイヤモンド——新生りんご娘、輝いて

2023年3月、新体制となってから約一年が経過するタイミングで、新生りんご娘は二曲目のシングルとなる楽曲、『桜ダイヤモンド』をリリースした。多田氏は、弘前の桜と「負けたくない」という津軽人の魂をテーマにし、さらに歌詞の中には、前メンバーFOURsが全国へ飛躍するきっかけとなった楽曲『Ringo star』のワンフレーズを織り込んだ。ＨＩＲＯＭＩ先生はその意図を汲み、当時の振り付けをアレンジしてダンスに組み込む。下田氏は、ＭＶのロケ地に青森県立美術館を選び、曲の合間には、メンバーそれぞれの幼少期から現在まで、そしてともに活動してきた先輩のりんご娘や仲間たちの姿を映し出すことで、りんご娘の歴史と未来へ続く希望を伝えた。

多田氏、下田氏、ＨＩＲＯＭＩ先生からの、「あなたたちは、もうりんご娘のバトンを受け継いだんだよ。胸を張って前に進みなさい」という愛をひしひしと感じながら、四人は、りんご娘に託された思いを受け継いでいく決意を胸に『桜ダイヤモンド』を歌い上げていった。その気迫は、これまで長くりんご娘を応援してきたファンたちを感動させる。

それ以降、四人は、東京や県外でのライブのほか、アイドルフェスティバルやコンテストに精力的に出演していった。

Relay——ライスボール全国へ発信

精力的に活動を始めた新生りんご娘と同様に、ライスボールもライブ活動を積極的におこない、東京でのワンマンライブを成功させるなど、全国へと活動の場を広げ始めた。ライスボールは、２０１９年の８月18日の「お米の日」に、おにぎりと家族の情愛を描いた曲『掌（たなごころ）／命』でＣＤデビュー以来、着実に実力を養いファン層を広げてきていた。

これまで、米農家の応援を実践するために、農家の田植えや稲刈りの手伝いをして米作りの過程を体験する中で、農家の人の温かさや、稲や虫などの自然と一緒に仕事をする楽しさといった、今まで想像したこともなかった価値観にも触れてきた。こうした、実際に体験して感じた米作りの様子や、農家との触れあいで感じた新鮮な驚きを、ＳＮＳで発信してきた。２０２２年からは、地元の酒造元とのコラボレーションにも乗り出したほか、メンバーが地元テレビでレポーターを務めたり、おいしいご飯の店を紹介したりするなど、米に関する発信の幅を広げていった。

地域活性化の役割も担うようになり、メンバーの一人が白神山地のある西目屋《にしめや》村《むら》出身であることから、2022年に西目屋村「にしめやPRガールズ」に就任する。2023年には、多田氏作詞作曲の白神山地世界自然遺産登録三十周年記念のイメージソング『Relay』をリリースすると、多くの人に白神山地を訪れてほしいという気持ちを込めて悠久の命と壮大な自然を歌い上げ、大きな感動を呼ぶ。同時に、白神山地をドローンで撮影し、地元の人をも感嘆させる美しい映像を使用したMVも反響を呼んだ。

米農家の応援と、食を通じた家族とのつながりを見直す。そのコンセプトを胸に、人と人とのつながりを作れるようなステージを夢に、活動を展開していった。

りんごの街から夢を世界に届けます

2023年、コロナ禍がいったん落ち着いた兆しを受け、樋川氏は、リンゴミュージックホームページにも掲げた言葉通り、「りんごの街から世界へと夢を届ける」ために動き出す。

これまで、2006年から三年間、りんご娘を中国大連の友好のど自慢大会へ参加させるなど、世界を視野に入れた活動をしてきた。樋川氏は早くから、青森県のりんご輸出の九割を占める台湾に注目し、2011年と2017年に、青森りんごのプロモーション活動の一環として、りんご娘に台湾を訪問させてきた。2017年にはりんご娘自体の台湾プロモーションもおこない、2019年には台湾でのライブも実現させてきた。そこには、りんご娘たちに世界を知ってほしいという願いとともに、中国や台湾でもりんご娘のファンを増やすことで、青森のりんごを広く知ってもらい経済効果につなげるという目的があった。しかし、2020年から台湾との交流事業に本格的に取り組もうとしていた矢先、コロナ禍ですべての動きが止まってしまっていたのだ。

活動再開の手始めとして、2023年2月、リンゴミュージックは青森県むつ市との間で包括連携協定を結ぶ。青森県はこれまで、日本に対するファンもおおぜいいるシンガポールで物産展をおこなっていた。むつ市では、シンガポール国立大学の学生のホームステイ事業をおこなっていたことから、むつ市の事業として、むつ市産品をはじめとする青森県産品の販路開拓と、むつ市と青森県の認知度向上を目的としたプロモーションを、リンゴミュージックと連携しておこなうことになったのである。

5月開催のPRイベントでは、むつ市の会場にて、シンガポール国立大学からの留学生らを前に、樋川氏がりんごの品種名がりんご娘の芸名になっていることを紹介した後、りんご娘とライスボールのメンバーがそれぞれ、りんごの収穫までの作業、青森県の祭りや四季の美しさ、おいしい食べ物や、青森の方言について、英語を交えてのプレゼンテーションをおこなった。プレゼンテーションの後は、ライスボールとりんご娘のステージで交流を深めた。留学生の中には、日本のアイドル文化に触れるのは初めての学生も多かったが、レベルの高いパフォーマンスと、慣れない英語で真摯にコミュニケーションをとろうとする姿や、一人一人に目を配る温かみのあるステージに、会場は一つに盛り上がっていった。

イベント終了後のライスボールとりんご娘は、シンガポールからの留学生に、むつ市や青森を好きになってもらう役割を果たすことができた手ごたえを得るいっぽうで、「私たちもほかの国に行って、ほかの文化を見てみたい。これから世界の方と会話ができるようになりたい。そのための勉強をしたい」という思いを胸に抱いていた。

樋川氏は折に触れ、スクール生たちに、「世界を見なさい」と伝えてきた。たとえ国が違っても、コミュニケーションで大事な部分は、伝えたいという「思い」だ。そして、様々な世界を知ることで、自分たちの暮らす青森や日本の良さを再発見できる。それらは、樋川氏が、これからの時代を担う若い世代に、ぜひ学び取ってほしいと願っていることだった。
りんごの街から世界に夢を届けるために、樋川氏は、本格的に取り組み始めている。

7

この街で夢をかなえる

◀りんご畑と岩木山

▶弘前城の桜

地域に役立つ人材育成——種が芽吹き始める

樋川氏は、弘前アクターズスクールプロジェクトを立ち上げて以来、「地域に役立つ人材育成」を掲げてきた。二十数年間まき続けた種が次々と芽吹き、弘前アクターズスクールの卒業生は、保育士や看護師、医師、小学校教員、伝統の織物であるこぎん刺しの作家など、地域で活躍を見せつつある。

2003年から2012年までの九年間、りんご娘が地域に浸透するために力を尽くした「初代ジョナゴールド」は、現在看護師として、温もりの感じられる地域医療をめざしている。「初代ジョナゴールド」が看護師という新たな夢に向かおうとしたのには、子どもを連れ病院で不安を抱えていた時に、看護師からの声かけによって精神的に助けられた体験があった。自分もりんご娘時代に培ったコミュニケーション力を生かし、不安な母親や患者の役に立とうと決心したものの、子育てをしながら学校に通い、資格を取ることはハードルが高かった。

看護師になる夢を後押ししたのは、樋川氏から学んだ「夢のかなえ方」だった。りんご娘時代は、「こうなるはんでな（こうなるからな）。準備しておけよ」という樋川氏に対し、そのアイデアを突飛に感じ、「そんなことはできるわけがない」と懐疑的だったことがあった。しかし、小さなことでも一つ一つに真摯に向き合いながら、着実に夢をかなえていく樋川氏の姿をそばで見ながら、情熱さえあれば、行動に移すことで環境を変えられることを学んできた。だからこそ、看護師という新しい夢を抱いた時に、夢をかなえるための行動に踏み出すことができたのだ。「初代ジョナゴールド」は看護師の資格をとり、自分を育ててくれた地域に恩返しをしたいと夢に向かっている。

弘前アクターズスクールに七年間在籍し、2010年から2013年まで、りんご娘として活躍した「二代目金星」は、りんご娘卒業後に国立大学の教育学部へ進学すると、小学校の教員となって夢の第一歩をかなえている。教員となった現在、りんご娘時代に多くの人に助けられて活動してきたように、どんな目標や夢も誰かの協力無しには絶対に成しえないことを改めて実感している。教員研修でお辞儀の仕方を学んだ時も、「弘前アクターズスクールで教えられたことだ」とハッとするなど、リンゴミュージックでの教えが自分の人生に生きていることに、たびたび気づかされてきた。小学生、中学生の時から社会人としての礼儀作法を徹底的に教えこまれていたことを、改めて理解できたのだ。

「二代目金星」は子どもたちに接しながら、りんご娘時代に磨かれたコミュニケーション力や臨機応変に対応する力が、すべてにおいて出てくることも実感している。子どもたちへは、「絶対失敗するからやらないではなく、とにかくやりなさい」、「先生の一番大好きな言葉は『ありがとう』だよ」と、リンゴミュージックで学んだ「行動すること、感謝することの大切さ」を伝えている。教員として、リンゴミュージックでの学びを胸に、未来を担う子どもたちを育てていきたいと夢見ている。

アイドルとして様々な場所や業種の人たちと出会い、そこで経験したことの中には、学校の授業だけでは学べなかったことも多くあるはずだ。樋川氏は、その経験を、ぜひ未来を築く子どもたちに伝えていってほしいと願っている。

いっぽうの由佳子氏は、スクールの卒業生たちから、「社会に出て、あの時に教えてもらったのがこういうことだったのかと思うことがたくさんあります」と言われる機会が多くなった。由佳子氏にとっては、芸能界で成功する人間をたくさん輩出するよりも、世の中に出た時に、社会に通用する人間になったと言ってもらえることのほうが、何十倍も価値があることなのだ。

地元を愛し、地元のために行動することで、自分たちの夢をかなえていく

当初に掲げた「青森のために」という目標も、これまで一貫してぶれることはなかった。

樋川氏は、2023年5月、新体制となったりんご娘を、日本を代表するポッ

プカルチャーイベントである「@JAM EXPO（アットジャム）」への出場権をかけた予選に挑戦させる。決勝を勝ち抜き出場権を獲得した時、喜びに沸くりんご娘が会場に向かって呼び掛けた言葉は、「皆さーん！　青森に来てくださーい！」だった。

これまでのりんご娘がそうであったように、すべての活動の目的は、自分たちが有名になることではなく、りんご娘のファンになってくれた人に、青森県へ足を運んでもらうことだからだ。地元の人だけでなく、県外の人にも愛されることが、結果的に青森県を盛り上げることにつながっていく。はるか夢球場での一万人ライブも、自分たちの夢をかなえる場であると同時に、ライブを見に来た人たちが弘前を訪れることで、弘前や青森の魅力を知ってもらうことが大事な目的であることに変わりはない。

二十年以上にわたる活動により、こうしたりんご娘の姿勢はファンの間でも広く理解され、リンゴミュージック自体に対するファンも増えている。「地方を輝かせたい！」という、リンゴミュージックの理念に対する共感の輪が広まっているのだ。

りんご娘新メンバー四人の、地元への愛はますます深まっている。

「県外に出るたびに、青森が恋しくなるんです。東京に行く前は、大都会への憧れはあるんですけど、高い建物に圧倒されて、空が見えないのが寂しくなるんです。青森の空気、景色、食べ物、すべてが愛おしくなるんです！」

地元を愛し、地元のために行動することで、自分たちの夢をかなえていく。

樋川氏の理念は、りんご娘に一貫して体現されているのだ。

子どもたちの夢を一緒に形にし、成長を応援していく
――スクールのお母さん

樋川氏の夢に、二十年以上にわたり並走してきたのは、由佳子氏だ。弘前アクターズスクールプロジェクトがスタートして以来、お母さんのような存在として、

スクール生たちと最も長い時間を過ごし、どのスクール生に対しても全力でぶつかってきた。

現在目覚ましい活躍を見せる「王林」だが、ほかのスクール生たちと違った特別な育て方をしたことはなかった。由佳子氏は、「王林」にはその場で自分に何が求められているのかを感じとれる才能があったのだと考えている。そして、青森県や弘前という自分の故郷を大事にすることが、ほかの人にはない魅力となること。それこそが、樋川氏がりんご娘に求めていたことだと、「王林」が理解できたのだろうと捉えている。由佳子氏は、りんご娘卒業以降も、仕事の前にはかならず周到に勉強をして、真摯に仕事に向き合う「王林」の姿を見てきた。最近では、青森についての知識の豊富さに驚かされる場面もある。それも、これまでスクールで伝え続けてきたことを、「王林」がしっかりと実行してきた結果なのだ。誰にでも簡単にできることではないことを理解しつつ、自分らしく活躍している「王林」の姿を喜びとともに見守っている。

経営の面で窮地に立たされ、スクール生がたった一人だけになり、コロナ禍に翻弄されるなど、もうこれまでかと覚悟を決めた時も、数えきれないほどあった。しかしどんな時でも、由佳子氏には、絶対にスクールを残さなければ、という考えはなかった。リンゴミュージックも弘前アクターズスクールも、自分個人のものではなく、支えてくれる皆のものであってほしいという思いを持ちながら、試練を乗り越えてきたのだ。

樋川氏が弘前アクターズスクールプロジェクトをスタートさせなければ、今の姿はなかった。そして、周りの人に何と言われても、絶対おもしろいからやるべきだと、夢を諦めなかった。

そうした樋川氏の夢を全力で応援するいっぽうで、由佳子氏にとって一番大事にしたいのは、スクール生たちだ。

「スクールの子たちのやりたいことを、一緒に形にしていきながら、成長を応援していきたい！」

その思いは、樋川氏同様、けっしてぶれることはない。

風土が育むりんご娘――この街で夢をかなえる

由佳子氏はこれまで、「なぜここに生まれてしまったのか」ではなく「ここに生まれたからこそできた！」という体験を積み重ねることで、地域への感謝を育み、地域にかかわりたいという気持ちが生まれてほしいと願い続けてきた。

自分がこの土地に生まれたことには意味がある。自らの環境を否定することは物事に抵抗することでもあり、受け入れるよりも逆にエネルギーがいるはずだ。今、自分が置かれている場所で、どうすればやりたいことができるのか。一人ではできないとしたら、誰の力を借りればいいのか。そして、どんな人たちとやっていけるのかを考えたほうが、何十倍も近道になる。また、やりたいことがあるなら、都会よりも地方にいるからこそオンリーワンになる。オンリーワンになることで、そのオンリーワンに注目してくれる人が、絶対現れるはずだ。

由佳子氏は、りんご娘を育てているのは、この土地の「風土」であると捉えている。

ファーマーと呼ばれるりんご娘のファンは、ほかのアイドルのファンと趣が違い、アイドル個人だけでなく、その後ろに見える、青森の地域や風景を含めたファンになっている。

樋川氏はじめ、リンゴミュージックのスタッフ、ファーマーと呼ばれるファン、弘前や青森の人々の気質や考え方、そして気候や風景のすべてが、りんご娘を育ててきたのだ。

その意味では、どの地域でも同じやり方が通用するとはかぎらない。それでも、地元の人の考え方、景色、伝統的なもの、そして、今そこにある不便さも含めて、すべてを受け入れることが大事であることに変わりはない。

「りんご娘が青森を発信し、この街でいきいきと輝いて活動する姿が、地域の人々の活力に結びついていってほしい！」

樋川氏の夢に並走しながら、由佳子氏はその夢を追い続けている。

百年先を見据えて

現在、樋川氏は、「リンゴミュージックを百年続けていく」ことを掲げている。スクール生たちには、「リンゴミュージックというチームが上をめざしていくには、先輩だけが引っ張っていくのではなく、君たちが先輩たちを押し上げていく意識をもつことが大事なんだよ」と伝えてきた。自分だけでなく、リンゴミュージックの皆で成長していく。それを続けていけば、かならず百年続く。その夢は、樋川氏だけの夢ではなく、リンゴミュージック全体の夢でもあるのだ。

弘前アクターズスクールには、幼い頃からりんご娘に親しみ、りんご娘に憧れて応募する事例が見られるようになった。子どもたちに地方でも芸能ができるという夢を与えられているいっぽうで、樋川氏の姿勢はあくまでも厳しい。自分だけが有名になって華やかな世界で生きたいという子ではなく、一緒に地域を良くしていこうという志のある子とともに、夢を追いかけようと臨んでいる。

芸能経験ゼロ、資金ゼロ、スタッフゼロからの弘前アクターズスクールプロジェクト発足以来、二十数年の時を重ね、リンゴミュージック所属タレントの活躍は目覚ましい。

前りんご娘FOURsが「愛踊祭２０１６」で優勝したことに続き、新生りんご娘も「TOKYO IDOL FESTIVAL 2023 全国選抜ＬＩＶＥ」でグランプリを獲得した。全国の数あるアイドルの中で、りんご娘のパフォーマンスレベルの高さが認められたのだ。その後も、全国レベルのアイドルへと着実に成長を遂げつつある。地域の人たちは、地方から甲子園をめざす野球部を応援するのと同じように、その成長と活躍を楽しみとしている。県外から訪れるファンは弘前市内に宿泊し、観光を楽しみ、りんご娘だけでなく青森のファンとなって帰っていく。

青森県への注目度は、全国的人気タレントとなった「王林」がテレビ等で積極的に発信していることにより、今までになく高まっている。「王林」の人気を受けて、王林という品種のりんごの売り上げが大きく伸びるなど、現実の経済効果も目に見えて現れている。りんご娘やライスボールには、県内外のイベントへの出演依頼が相次ぎ、青森県内を「王林」のラッピングバスが走る。りんご娘は地元企業のイメージキャラクターを務めるほか、CMにも起用されるなど、地域の人々のすぐそばに寄り添い、元気を与える存在となっている。

「王林」と「ジェイ」、そしてりんご娘のメンバーは、地方局のテレビ番組だけでなく、全国放送のテレビ番組にも出演し、青森県内の人々を喜ばせている。また、りんご娘が提案した商品の開発販売など、地元企業とのコラボレーションの機会も格段に増え、「りんご娘と一緒に事業をしたい」という地元企業からの期待は年々高まっている。

さらに、りんご娘の熱心なファンの中には、青森でのコンサートに足を運びやすいようにと、移住をする人も出始めている。

めざしてきた地域活性化へ一歩近づいた手ごたえを感じつつも、樋川氏の目標はまだその先にある。りんご娘が全国的、さらには世界的に愛されることで、りんごをはじめ青森県の農産物の経済効果を生み、それが地域活性化につながっていく。当初からのその目標は変わらない。同時に、時代の最先端にもつねにアンテナを張り、メタバース、バーチャルアイドルやアニメなどで、りんご娘を全世界に向けて展開しようと構想している。

百年先と言えば、当然ながら、樋川氏自身はこの世にいないだろう。しかし、りんごの木や桜の木が百年生き続けて花を咲かせ、実を結んでいくように、自分がこの世を去った後も、スクール生やスタッフたちが、かならずリンゴミュージックをつないでいってくれると信じている。

「百年先も、リンゴミュージックからは、地域で、全国で、そして世界で活躍できる人材を輩出して行ってほしい」

樋川氏は、百年先のりんごの大木を見据えている。

かならず地方の時代が来る

これまで、何度も諦めそうになりながら、樋川氏が二十年以上にわたって継続できた原動力とはいったい何なのか。

「都会への一極集中を打破したい！　地方がおもしろくなれば、若い人たちはかならず戻ってくる」

それが、弘前へUターンした時からの、強い思いだった。

「青森のために」を掲げているが、その思いは青森だけでなく、全国すべての地方に向かっている。

二十数年前に掲げた弘前アクターズスクールプロジェクト発足の理念にあるように、地方には美しい水、空気、自然がある。家族や親せき、地域の人々の愛情を受けて育つことで、人の心に余裕が生まれる。地方は、けっして何もない場所ではない。自然、人の温かみ、豊かな伝統や文化がある「豊潤の地」なのだ。

夢は、特別なものでなくていい。自分がわくわくするもの、そして自分が好きなことで、地方で、この街で、誰かの喜びのために行動できれば、夢はかならずかなう。

りんご娘のように、地方の子たちが、地方に住みながら全国、そして世界で活躍し、夢を実現することは可能なのだ。

「自分たちにもできる！」と、全国の地方の人々にも、行動を起こしてほしい。

そう樋川氏は願っている。

地方の時代はかならず来る。

地方から、豊かな人材が全国、そして世界へと羽ばたいていく。

リンゴミュージックの挑戦は、百年先をめざして続いていく！

Special Message

王林

私に沢山の
愛を教えてくれた
場所。
青森から世界に。

Special Message

太陽《ひかり》 ライスボール

私も樋川社長と同じ考えで、高校卒業後青森を出て、東京の音楽の専門学校に行こうとしていました。東京の方が技術を学ぶことに長けていると考えたからです。
当時はライスボールを離れ、違う人生を歩もうと思っていましたが自分ときちんと向き合い、「何のために誰のために歌いたいのか」と考え、青森県が大好きなことに気づきました。

常に自分の中にある社長の言葉は「近くの人にこそ感謝を伝える」です。家族、友達、メンバー、スタッフの皆さんはもちろん、青森県の皆さんに感謝を伝え、愛される存在になれるようこれからも精進していきたいです。リンゴミュージック最高!!

ライスボール 太陽
（ひかり）

Special Message

ジョナゴールド

自分の夢が叶う瞬間には
常に誰かの支えがありました。
次は私が支える番になることで
りんご娘の意志は
受け継がれていくのだと思います。
100年後も
明るい青森でありますように

ジョナゴールド

Special Message

実土里《みどり》 ライスボール

リンゴミュージックという存在は、私に、皆に、青森県に、世界に、何かしらの影響を大きく与えていると思う。私はリンゴミュージックに出会っていなかった自分を想像できない。青森に芸能という文化が無いときに、熱い情熱を持って、0から1をつくり出すなんて、本当にクール!!!!

そして、続けることの大切さをいつも、樋川さんから学ばせてもらっている。

この活動を通して私は青森の魅力にどっぷりハマっている。私たちのファンの方が増えるということは、青森のファンが増えるということ!ライブと一緒に食べものや自然を楽しんでもらえて、本当にうれしい!!!

田舎と呼ばれる青森だからこそできることを、青森で育った私が、自分らしく、県内外、世界に発信していきたい!と改めて思う。

みどり

Special Message

水愛《あくあ》 ライスボール

"大好きなことで、誰かの役に立つ。"

歌を歌うことで、「元気もらえました」と言ってもらえるのが嬉しいです。自分の歌が誰かの役に立っていることに嬉しさを感じます。たくさんの方に支えていただいて、青森で夢を叶えることができています。活動をしていくうちにどんどん青森の魅力に気づき、大好きになっていました。これからも青森からたくさんのHAPPYを届けられるように頑張ります！

ライスボール 水愛《あくあ》

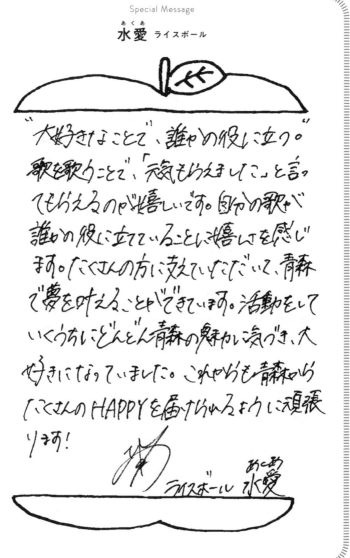

Special Message

ピンクレディ りんご娘

私にとってリンゴミュージックは、大事なことを教えてくれる、気づかせてくれる、そんな場所です。

ふだん、なに気なくすごしていた青森県は、数多くの特産品や、素晴らしい伝統工芸品、歴史的な建物など沢山の魅力があります。私が改めて青森県のすごさに気づけたのは事務所に入って、見て、聴いて学べたからです！皆さんも自分の地元をいっぱい愛してください。きっと沢山の良い出会いがあります!!

りんご娘
ピンクレディ

Special Message

スターキングデリシャス りんご娘

リンゴミュージックは、
私を大きく変えてくれた場所です。
歌やダンスが楽しいことを再確認させて
くれただけでなく、相手を思いやる
気持ち、地元を愛する気持ち、
今ある環境や人に感謝すること。
沢山のことを教えてくれました。
だいすきな青森でだいすきなことを
これからも叶え続けます!!

りんご娘
スターキングデリシャス

Special Message

はつ恋ぐりん りんご娘

私にとってリンゴミュージックは
夢を叶えさせてくれるような場所です。
小さい頃から歌って踊ることが大好きで
りんご娘のライブをきっかけに私も
アイドルになりたいという夢をもちました。
夢を叶えることは決して簡単なことでは
ないけど、自分の好きなこと、興味のある
ことに向かってチャレンジすると輝かしい
未来が待っています。一緒に頑張ろう！

りんご娘
はつ恋ぐりん

Special Message

金星 りんご娘

私にとってリンゴミュージックという場所
は、"夢を叶える場所"です。
本当にやりたいことが分からなかったころ、
父に背中を押され、入所しました。
今となっては、アイドル活動でファンの方
を笑顔にすることを生きがいにしています。
青森の愛を深め、そして青森からも愛される
人、グループになります!!!!

金星

りんご娘
金星

― 解説 ―

臆せず、しなやかに

外崎英明（東奥日報社）

すべての始まりは勘違いからであった。

「あの方、リンゴの関係の取材依頼でいらしたようだから、話を聞いてみてくれないか」農業担当記者だった当時、上司のデスクに言われ、弘前支社の応接ソファに座っていた樋川新一《といかわしんいち》さんと初めて向き合ったのは二十年以上も前のこと。リンゴの話かと思いきや、そこに絡まる「アイドル」や「地域活性化」のワードが、最初は頭の中でまったくつながらなかった。今では全国にあまたある地方アイドルだが、その発想自体、当時は斬新だった。

若い女性アイドルに不似合いな中年男の農業担当記者は、そんな珍奇なきっかけから、まるで芸能担当記者に転身したかのように、りんご娘を追いかけることになった。りんご娘を、というよりは、りんご娘による地域活性化の取り組みを、と言ったほうが正確なのだが、周囲からは誤解されることも多かった。

サラリーマン記者に異動はつきもの。弘前支社には二度勤務したが、支社を離れた間も取材者としてウォッチは欠かさなかった。その一時期、教育分野の取材を担当したことが、樋川さんたちの取り組みにさらなる関心を抱くきっかけともなった。本書にもあるように、リンゴミュージックのもうひとつの大きなキーワードは「教育」である。今回、本書が教育をフィールドとするくもん出版から発刊されるのは、まさに頷けるところである。

樋川さんの恩師故藤本盛三《ふじもとせいぞう》さんは、私の恩師でもある。田舎の狭小な人間関係には面倒もあるが、時として思わぬつながりや響き合いをもたらすことがある。藤本さんがリンゴミュージックの再興に大きな役割を果たしたくだりは、私には目に浮かぶように思われたし、あらためて自身と藤本さん、樋川さんとの不思議な巡り合わせを感じた。本書でも紹介されている、樋川さんたちがバイブルとしている藤本さん自筆の遺訓「歌手・演奏者になるために」には、次のような聖書の一節が記されている。

「狭い門からはいれ。滅びにいたる門は大きく、その道は広い」

教育に特効薬はない――。取材する中で、よく関係者から聞かされた。現場では多くの先生たちが、今すぐに成果が目に見える即効性よりも、子どもたちの将来に期待しながら日々奮闘している。一方、「芸能」はある意味で流行り廃りの世界だ。本来的に、時流に応じた即効性が求められる。だが、樋川さんたちは敢えて、藤本さんの力を借りながら、「芸能」そのものへのこだわりよりも、遠回りで時間がかかる「教育」、すなわちタレントたちの人材育成という正攻法に軸足を移した。それは結果的に、タレントたちの実直で裏表のない人間性の発露につながり、リンゴミュージックに対する地域社会の高い評価につながった。現在、王林さんが親しみやすいキャラクターで全国のお茶の間から支持されているのも、その下地に長年リンゴミュージックで磨いた人としての輝きがあるからにほかならないだろう。

「歌のテーマには大きくふたつのＬがある。ひとつはＬＯＶＥ、もうひとつはＬＩＦＥ。浮ついたところがない彼女たちにはむしろ、ＬＩＦＥがよく似合う」。藤本さんと共にキーマンのひとりである、音楽プロデューサーの多田慎也さんは、「１０１回目の桜」を歌っていたころのりんご娘たちをこう評した。樹齢百年を超える弘前公園の桜に人の死生観を重ねた難しい曲を、若くしてきっちりと歌いこなした彼女たちの姿は、タレントたちを育ててきた樋川さんたちが思い描いていたひとつの到達点だった。本書は綿密な取材による詳細な記述で、それまでとそれからのリンゴミュージックの姿を余すところなく伝えている。プレーヤーは表舞台に立つ子どもたちだけではない。樋川さんや多田さんはじめプロデュースに関わる多くの大人たちの地域活性化に向けた思いを、子どもたちも十分に理解、共感して、音楽に具現化するという形は、実は多世代交流の一形態でもある。

本書でひとつだけ残念なことがある。それは、書籍ではリンゴミュージックの楽曲、ミュージックビデオの魅力を伝えきれないという活字の限界だ。本書を手に取ったひとりでも多くの人が、これを契機に津軽にこだわった弘前発の豊穣かつハイセンスな音楽や映像の世界を体感してくれることを切に願っている。

リンゴミュージックは、共同通信社と、同社に加盟する弊紙など新聞47紙、NHKが主催する「地域再生大賞」で2023年度、準大賞を受賞した。2010年度から、地域活性化に取り組んでいる団体などを顕彰しているもので、地域の特色を生かした新規性のあるアイデアや手法、地域とのつながり、地域内外への拡大や普及が期待できる将来性といった観点に加え、今回はサブテーマ「つながる、多様性が拓く」に沿って「世界を見据え、外に開かれた活動」「地域の個性を生かしたまちづくり」「多様な担い手」「ポストコロナ時代の新たな展開」といった点が評価の対象となった。審査員からは若い世代の社会参加の可能性を開いている点や、スタートの時点から地域の将来を見据えた経済活動である点、海外へのＰＲや交流の機会を創出している点などが高く評価された。

りんご娘はコロナ前、台湾でプロモーション活動を展開した実績があり、台湾のファンが弘前でのライブに訪れることもある。台湾は弘前産リンゴの主要な輸出先であり、現地では高級ブランドとして扱われている。台湾のある大手百貨店では2011年の東日本大震災以降、風評被害払拭のため毎年秋冬の3か月間、リンゴなど弘前の物産を集めたフェアを台湾全土の20店舗以上で開いており、この期間中だけでも十数万個の弘前産リンゴが販売されている。福島原発の処理水の海洋排出が中国などで大きな反発を呼んで問題化している昨今の国際情勢に鑑みれば、リンゴのみならずわが国の農水産物の安全性、おいしさ、豊かさを世界に知ってもらうため、リンゴミュージックが今後果たしていくであろう役割は、ポストコロナの今、さらに大きなものがあると推察される。

樋川さんが説く、そして私たち地方在住者が願う「地方の時代」はいつやって来るのか。今に始まったことではないが、都会への一極集中と地方の人口減少による地域経済の低迷は、無限のスパイラルを描いているようにすら思われる。だが、樋川さんたちが活動を始めた二十年以上前と現在とでは決定的に異なる、地方のアドバンテージがある。それは、樋川さんが既に弘前アクターズスクールを設立した際に見通していた、インターネット環境の飛躍的な向上だ。多くのことが地方に居ながらにして可能になった今こそ、地方が打って出るときだろう。

コロナ禍で、人生に対する価値観が変わったという声を多く耳にする。「『好き』と素直に思えた／そんな幸せの価値は／つけられた値段じゃなく／自分で感じるもの」（りんご娘「リンゴのうた」より）。樋川さんが弘前アクターズスクールプロジェクトを設立する際に掲げた趣意書で指摘した、経済優先の都会にはない地方の魅力が、本格的なポストコロナを迎えようとする今、改めての輝きを放っている。これもまた、地域活性化へ向けたもうひとつの大きなアドバンテージである。

本書は、世界も視野に入れ、百年先を見据えた活動を目指す樋川さんたちと著者との願いで締めくくられる。一地方からでも決して臆することなく、世代交代を繰り返しながらしなやかに羽ばたき続けるリンゴミュージックの姿は、この地に暮らす私たちの誇るべきアイコンである。

あとがき（謝辞）

私は、福島県で生まれ育ち、学生時代を岩手県で過ごし、現在は宮城県に住む、根っからの東北人です。本来の家業は農業（和牛飼育、水稲）と林業で、りんご娘のファンの呼び名でいえば「リアルファーマー」でもあります。本書を執筆しながら、樋川新一さんの、農業と地方の活性化をぶれることなく貫いている姿勢、そして、その理念がスクール生の隅々まで浸透していることを理解し、尊敬の念を抱かずにいられませんでした。そして、樋川さんの情熱に引き寄せられ、夢を応援し、ともに夢を実現していこうとする皆様の姿にも、心打たれました。取材は常に温かい雰囲気に包まれ、皆様のお話に引き込まれてしまうことも度々だったことも、忘れられません。

今回、貴重なお話を聞かせていただきました、樋川新一さん、樋川由佳子さん、長谷川正之さん、白戸大吾さん、高橋哲史さん、多田慎也さん、下田翼さん、ＨＩＲＯＭＩさん、「初代ジョナゴールド」さん、「金星（二代目）」さん、「王林（二代目）」さん、「ジョナゴールド（ジェイ）」さん、ライスボールの「太陽」さん、「実土里」さん、「水愛」さん、そして、現りんご娘の「ピンクレディ」さん、「スターキングデリシャス」さん、「はつ恋ぐりん」さん、「金星（三代目）」さんに、心より感謝申し上げます。

また、長くリンゴミュージックの活動を追い続け、素晴らしい解説を書いてくださいました、東奥日報社記者の外崎英明さんに、深く感謝申し上げます。最後に、企画の立ち上げから、チームとして一緒に取り組んでくださった、くもん出版の小山衆さん、谷延尚さん、和田惣也さん、そして、リンゴミュージックスタッフの皆様にも、感謝申し上げます。

リンゴミュージックが地方のチアリーダーであるように、本書も、地方、そして都会に住む方々の夢を後押しするものとなりますように、心から願っております。

堀米　薫

著者　堀米 薫
福島県出身、宮城県在住。岩手大学大学院農学研究科修了。和牛飼育、水稲、林業を経営する農家。2002〜2009年まで角田市教育委員・教育委員長を務める。2009年に作家デビューし、自然や農業をモチーフに、物語、ノンフィクション、絵本などを執筆中。『チョコレートと青い空』(そうえん社)で日本児童文芸家協会新人賞、青少年読書感想文全国コンクール課題図書。『あきらめないことにしたの』(新日本出版社)で児童ペン大賞。『思い出をレスキューせよ! —"記憶をつなぐ"被災地の紙本・書籍保存修復士』『仙台真田氏物語 — 幸村の遺志を守った娘、阿梅』『めざせ、和牛日本一!』(くもん出版)の他、『林業少年』(新日本出版社)、『ゆうなとスティービー』(ポプラ社)、『Yellow Brown 動物たちのささやき』(国土社)など著書多数。

写真提供　弘前市(p11)
㈲リンゴミュージック(p11、p35、p69、p95、p145、p165)
㈱東奥日報社(p145)
長谷川正之さん／写真館ハセガワ(p191)
弘前観光コンベンション協会(p191)

協力　弘前中土手町商店街振興組合

JASRAC許諾　日本音楽著作権協会(出)許諾第2401311-401号

デザイン　bookwall
本文組版　㈱スプーン

この街で夢をかなえる

エンタメで地方を元気にするリンゴミュージックの挑戦

2024年5月9日　初版第1刷発行

著　者　堀米 薫
発行人　志村直人
発行所　株式会社くもん出版
〒141-8488　東京都品川区東五反田2-10-2　東五反田スクエア11F
電話　03-6836-0301(代表)　03-6836-0317(編集)　03-6836-0305(営業)
ホームページアドレス　https://www.kumonshuppan.com/
印刷所　三美印刷株式会社

NDC916・くもん出版・224P・19cm・2024年・ISBN978-4-7743-3446-2

CD34238